不被洗脑的100个
思维习惯

❖

[日] 斋藤孝 / 著

冯元 / 译

北京联合出版公司
Beijing United Publishing Co.,Ltd.

图书在版编目（CIP）数据

不被洗脑的100个思维习惯 / (日) 斋藤孝著 ; 冯元译 .-- 北京 : 北京联合出版公司, 2022.4（2024.6重印）

ISBN 978-7-5596-5951-4

Ⅰ.① 不… Ⅱ.①斋… ②冯… Ⅲ.①思维方法 Ⅳ.①B80

中国版本图书馆CIP数据核字(2022)第023712号

著作权合同登记号 图字：01-2022-1070

HONTOUNI ATAMA GA YIYI HITO NO SHIKOU SHYUKAN 100
By
Takashi Saito
Copyright © by 2021 Takashi Saito
Original Japanese edition published by Takarajimasha, Inc.
Simplified Chinese translation rights arranged with Takarajimasha, Inc.
through East West Culture & Media Co., Ltd., Tokyo Japan
Simplified Chinese translation rights © 2021 by Bejjing Mediatime Books CO.,LTD.,Beijing China

不被洗脑的 100 个思维习惯

作　　者：[日] 斋藤孝
出 品 人：赵红仕
责任编辑：夏应鹏
图书策划：王思杰
产品经理：张　白
封面设计：东合社·安宁
版式设计：姜　楠

北京联合出版公司出版
（北京市西城区德外大街 83 号楼 9 层　100088）
北京时代华语国际传媒股份有限公司发行
北京盛通印刷股份有限公司印刷　新华书店经销
字数120千字　880毫米×1230毫米　1/32　7.75印张
2022年4月第1版　2024年6月第4次印刷
ISBN 978-7-5596-5951-4
定价：48.00元

聪明人是什么样的人

与人交谈时听人所言或答人所问，读完一本书后讲给他人听……这些都是我们日常生活中基本的交流方式。这些事情看似人人都在做，实际效果却因人而异。

聪明人可以领会他人所言并且精准地回答他人所问，领悟书中真谛并且准确地传达于他人。简言之，聪明人可以准确地进行输入和输出。

聪明人能在短时间内概括出核心内容，并且简明易懂地传达给他人。这样便为他人节省了时间，使他人较为轻松地获得相关信息。

其实，懂得尽量不占据别人的时间、不给别人添麻烦的人便是聪明人。

聪明人擅长与人对话，这个对话并不是指单纯的聊天。

有人认为口齿伶俐的人便是聪明人，但真正的聪明人应该具备较强的信息整理能力、概括能力、语言组织能力和表达能力等。

如果把"与人对话"做个形象的比喻，可以将之比作渡河。只有听者安全渡过河流，我们才能传达自己的意图。

如果对方感觉水流湍急，很难渡过，那就放些石头作为垫脚石，帮助他轻松渡河。

对话中的"垫脚石"便是关键词。为了不让对方溺水或被冲走，先放上三块左右的石头，让对方踩着。也就是说，在对话中先设置三个关键词，然后按照顺序一一阐述，对方便能很好地理解。实际上，聪明人一直将这些技巧不经意地应用于日常的对话中。

与具备这种能力的人搭档工作，自己不但容易做出成绩，而且在工作过程中不会有压力。

另外，这样的人必然会在职场上收获更多的信任，成为众人口中的聪明人。聪明也意味着能让周围的人感到幸福。

聪明人在听别人说话或读书时，往往带着要输出这些内容的意识去听去读，因此他们的记忆较为牢固，理解也较为深刻。

比如，比起毫无目的地看报，带着讲给他人听的意识阅读报纸往往会让人的记忆更加深刻。

同理，如前所述，选择三个左右的关键词展开阅读，并以此为支点进行记忆，便能提高输入质量。

聪明人不会被报道中的语言所左右，他们善于把握围绕话题展开的整体结构，并且能够抓住其中必要的核心要素。

如若平时就养成这种思维习惯，一定能游刃有余地将其应用于商务场合。比如在会议上沉着冷静，宏观把握整个主题，找出关键词，在有限的时间内有条不紊地完成陈述。

同样，制作企划书时不要拖泥带水、连篇累牍，而是要从整体中选出最不可或缺的三个要点，清楚地写到一张 A4 纸上。

另外，聪明人能够从自己的角度明辨重要与不重要的事情。这种"自己的角度"便是一定智慧与学识的积累。

学得多并不意味着学得深，博学广闻的人确实储备着丰富的信息，但它们大多是七零八落、碎片化的，无法作为知识应用到工作中。博学和学识的意义完全不同。

能够将所获知识在大脑中进行整理、重新构建并且体系化，才是真正的聪明人。聪明人正是具备了整理信息的能力，才能够准确地输出信息。

有人说，所谓的"有学识"就是通过掌握知识而获得的丰富内心。我认为聪明人正是这样有学识的人。

2021 年 4 月

斋藤孝

序章
聪明人是如何思考的

第 1 章
整理信息的思维习惯

第 2 章
高效沟通的思维习惯

第 3 章
深度阅读的思维习惯

第4章
激发潜能的思维习惯

第5章
学习天才的思维习惯

序 章

聪明人是如何思考的

聪明人究竟是什么样的人

⊙ 能否正确传接信息

所谓聪明人，就是能够高效获取信息，并且准确将之传达于他人的人。换言之，聪明人都很擅长输入和输出。

整理对方给出的信息，将其归纳总结后再反馈给对方，便是所谓的"传接信息"。既能接住来的球，又能很好地把球传给对方。一来二去，对方也能愉悦地继续传球与接球。

这是现代社会需要的一种重要能力。比如，在商务场合中要选择自己的工作伙伴时，一位很有个性，一位理解能力很强，多数人都会选择理解能力强的人。

最近，日本的高考形式有所变化。除了以往所有人做相同试卷的一般高考形式外，增加了自我推荐和 AO 考试的方式。这便是高考形式的多样化。

在我看来，这些奔着高考孜孜不倦努力多年的学生非常了不起。先不说个性、才能和创造力等等，他们为了考上理想大学一直学习并掌握很多知识，便非常有毅力了。

⊙ 有逻辑的人还很擅长体育

近年来，日本教育界越来越重视"表现力"。表现力也被称为"思维判断"，它是一种发现新价值的智慧，也是聪明人都有的一种能力。

比如数学家、科学家、象棋棋手等，他们在日常生活中都会灵活运用这种能力，运动员亦是如此。

学习并掌握以往的知识和方法，在此基础上增加新的价值，便是创造附加价值的能力。"附加"意味着要掌握以往的知识。正像备考首先需要勤勤恳恳地学习和积累一样。换言之，能够创造出新的附加价值的人，都是从未懈怠过的努力型人才。

在体育界，教练会喜欢聪明的选手，即使他没有身高等方面的优势。

因为聪明的选手能够迅速理解教练的要求，并付诸行动。能够正确理解教练对自己的要求，便是战术理解力强的表现。比如教练说："这场比赛，对方也许会这样，所以我们今天用这种战术。如果对方不按套路出牌，我们就要做出相应调整。"聪明的选手马上就能理解，但也有很多选手理解不了。

水平更高的选手在原先战术不能用时能够自行调整。这种灵活的应变能力，正是聪明人所具备的。

⊙ 聪明，无关年龄

一直效力于德甲联赛的长谷部诚选手，即使 37 岁依然续签，并且至今仍是球队的重要支柱，其原因之一便是他能够正确理解战术，并将其付诸行动。

一个人能够付诸行动，说明他有逻辑思维。其实足球是一项需要具备逻辑思维的运动。即使一个简单的传球也需要进行逻辑思考。比如，队友在你斜后方靠近球门的地方，而对手在你前方，如果这时把球传到队友那里，他就可以反方向运球，甚至可以射门……由此可知，传球需要具备一系列的逻辑思维。

球队相关人士说："长谷部诚很聪明，很多时候他能够解读并且预测现场情况，早早地站在其他选手要去的地方。"他的聪明由此可见一斑。

现代社会需要什么样的聪明人

⊙　能够应变，理解对方需求

　　时代需要的聪明人究竟是什么样的呢？首先要明确，世界会随着时代的变化而发生巨大变化，所以我们要具备应变能力，要知道时代需要我们做什么，我们能做什么。会思考这些问题，具有这种思维能力的人通常被称为聪明人。

　　比如，搞笑艺人都是能说会道的专家，私下聚餐时擅长活跃气氛，而这一点对于普通人来说并不太容易。

　　其实，在竞争如此激烈的时代，能在业界存活下来的人终是少数。成功者有一个共同点，就是他们能够理解他人对自己的要求。

　　用时间轴衡量谈话内容的话，他们能够在 10 秒或 15 秒内说完自己想说的话。

　　他们说话之前就会意识到说话时间只有 15 秒，然后用倒推法总结要点，最后以笑点收尾。虽然不是所有人，但很多活跃在荧幕上的艺人都是这种类型的人。

从这个意义上说，我曾经在电视上表现得很不好。那时我还不习惯上电视，有一个节目主持人问了我一个问题，我用自己的方式回答了我所知道的事情。

我原本以为自己说得很好，但后来才知道因为耗时太长，我的回答被剪辑掉了。对于节目制作方来说，一个问题的回答占用 40 秒左右太长。我没有正确理解节目制作方的意图。换句话说，没能理解对方的想法，没能正确解读对方的需求。为此我进行了深刻反省，至今记忆犹新。

⊙ 不同的场合，不同的需求

给大学生上课或做演讲，时间的把握方式会和电视问答大为不同。针对一些内容丰富的话题持续讲 100 分钟，也需要能力。这种能力与用 15 秒高度概括的能力又有所不同。

换言之，我们必须知道不同场合的不同需求。拿田径比赛来说，马拉松运动员和短跑运动员便不一样。马拉松对运动员的耐力要求比较高，而短跑需要运动员有爆发力。

任何时刻，我们都要明确知道对方需要我们做什么。如果做不到，就要意识到自己不能胜任，并且清楚自己认为好的不一定适用于所有场合。这样的人多被称为聪明人。

⊙ 传奇人物也在不断摸索中适应时代

这个时代，我们不应该墨守成规，而是要勇于挑战新事物，不断提升自己。换句话说，我们要顺应时代的需求，不断从各种实践中获得新知识，共同创造出新的时代。

日本棋界的传奇人物羽生善治几年前被挤下"龙王"宝座，此后便远离了冠军战的舞台。那时，羽生先生对只有十几岁的藤井聪太说的话给我留下了深刻的印象。他说："我想向你学习将棋。"

人工智能的发展也促使现在的棋界战术发生了很大变化。羽生先生对人工智能很有兴趣，他说："过去我确实靠以前的方法取得不少胜利，但人不能总活在过去，这没什么意义。如果跟不上时代，不了解当下，便无法生存。"

众所周知，他是史上首位永世七冠，被称为"棋界传奇"。这位传奇人物也在努力适应这个时代，这种灵活性也正是聪明人具有的特征。

如何在实践中变聪明

⊙ 给自己的行为赋予意义

如果别人问你"你现在做这件事要注意什么"，你能够马上回答出来，便说明你是聪明人。比如在练钢琴时被人这么一问，你能够这样回答，"为了弹好这部分，我要注意左手的无名指"，便说明你做事有意识、有目的，是一个有条理、有逻辑的人。

运动亦是如此，比如高尔夫挥杆练习，如果随意挥上1000 次，确实会增强肌肉力量，但技术上不会有太大提高。然而，如果有意识地让手臂和球杆同步摆动，会让每一次摆动都有意义。

进步是由练习的质量加数量决定的，如果没有质量，效果就会接近于零。如果像后者那样有意义地练习 1000 次，一定会有所进步。也就是说，我们要明确自己应该做的事情。

我与长野冬季奥运会的速滑冠军清水宏保先生有过一面之缘，那时我得知清水先生从小学阶段便一直坚持用肠腰筋训练法强化锻炼深层腹肌。

如今，肠腰筋训练法在体育科学界依然备受关注。当时的清水先生只是一名小学生，他竟能坚持用此方法进行强化训练，何其了不起。他能够清楚地知道自己的目标和问题，制定相应的训练方法，并且付诸实践，可谓一名非常聪明的运动员。

如果自己制定不了合适的训练方法，就雇一名有此能力的教练。其他事也是这样，倘若自己做不到也没关系，坦然接受这一现实，寻求他人的帮助。无论如何，让自己的每一个行为都有意义，并且愿意尽一切努力将其付诸实践，这便是聪明人。

⊙ 给事务优先排序的能力

生活在这样一个高速发展的时代，我们面临诸多事务，这就需要我们对它们进行优先排序。这也是聪明人应该具备的能力。

一段时间内要做不同的事，优先排序上肯定会有差别。

重要的和更需要意志力的事情优先解决；不那么重要的、有意愿去做的事放到后面做；相关经验不够的先别去做，而是向别人请教。

世间之事并不总是一帆风顺。当工作中出错或者遭遇麻烦时，不要隐瞒或逃避，而是先要与人商量。有时候听取他人建议往往是解决当下问题的最佳方法。也就是说，向经验丰富的人请教，可以有效地避免或度过危机，将损失降到最低。

严格意义上来说，一个人是无法脱离社会而存在的。现代社会需要人们有团队意识，也需要人们具备优先排序的能力。

⊙ 聪明人都懂睡眠的重要性

现代社会可谓瞬息万变，这是当今时代的一个特征。

无论河流表层的水流多么湍急，鱼儿都需要一个平静的水下世界。同样，我们也要有属于自己的时间。

如果以分钟为单位安排日常工作或家务，并将这些时间视为"地表水"，那么读书的时间可以被视为"泉水"或"地下水"。保持两者平衡，便可以获取知识上的平衡。比如读读《论语》，细细回味大约 2500 年前孔子说过的经典名言，悠闲度过一段真正属于自己的时间，不受外界的任何驱使和干扰。这种"知识之泉"让我们的知识永不枯竭。其实，适应现代社会的同时，拥有属于自己的时间，也是时代需要的一项技能。

然而，快节奏的生活总不会尽如人意，睡眠不足便是一个严重问题。也许你认为这是无关紧要的事情，但其实睡眠比多数人以为的更为重要。

按照自己的生活节奏保证充足的睡眠，便能保持头脑清醒、身体健康。同样，身体健康，头脑便能顺畅运转。

无论是工作还是运动，能够充实度过并且有所收获的人，一般都是懂得睡眠重要性的人。他们深知睡眠质量会影响激素的分泌，进而影响生活节奏。那么，每个人每天都是 24 小时，我们该如何有效利用时间，又该如何确保睡眠充足呢？毫无疑问，"创造知识环境"将大大影响我们今后的生活。

天才的创造力源于日常习惯

⊙ 天才的生活出乎意料地平凡

天才们都在世间创造了普通人无法取得的巨大成果。虽然有些天才的人生跌宕起伏，比如年纪轻轻就去世的"阿玛迪斯"（上帝的宠儿）莫扎特，但有很多天才的日常生活意外地平凡无奇。

哲学家伊曼努尔·康德[①]的日常生活非常有规律。他终身未婚，独自生活，习惯早晨起床后喝杯红茶，上午工作，下午散步，每段时间都非常固定。此外，他只吃晚餐。由于他做每件事都相当准时，甚至有人说如果没有时钟，只要看康德在做什么就能知道是什么时间。

谁能想到，天才的日常竟然如此平凡。但从这平凡的日

---

① 伊曼努尔·康德（德文：Immanuel Kant, 1724—1804），德国哲学家、作家，德国古典哲学创始人。其学说深深影响近代西方哲学，并开启了德国古典哲学和康德主义等诸多流派。

常中，我们能够看到"平凡的力量"。

其实，每天做同样的事，也是高效充实地过好每一天的体现。也就是说，不在日常生活中消耗知识与能量，屏蔽一切阻碍思考的外部事物，以集中所有能量用于思考。

如果康德生活在我们这个时代，每天要多次签收快递，或者忙于回复社交网络的留言或邮件等，毫无疑问，他会极其痛苦。

⊙　储存已有的能量

很多运动员都一心扑在比赛上，丝毫不浪费时间在其他事情上，他们重视生活中的每一天，过得非常有规律。曾经效力于美国职业棒球大联盟的铃木一朗便有个众所周知的习惯，他曾数年如一日只吃咖喱。

关于这一点，他本人并未明确解释，但我想理由之一是为了减少生活中不确定因素对能量的消耗。

其实，我们终日被各种信息环绕，有时需要撑一把心灵的保护伞，巧妙地回避一些信息，让自己的身心沉静下来。

其实，不分心便是在储存能量。白天手机不离手，不停地回复信息，就像引擎空转着那样在逐渐消耗着汽油。如果平时注意储存能量，便能在关键时刻火力全开。

每个人都有一定的思考能力，但在运用能力上却千差万别。聪明人会不断积累能量，在决胜时刻一飞冲天。

聪明人将所有能量用于决胜时刻，因为他们心中有时间轴，这个决胜时刻在他们的时间轴上便是黄金时间。

如果有三个小时，那就至少拿出一个小时专心做事。为此，甚至可以把其他两个小时用在看似不相干的事情上。

被称为近代建筑三大巨匠之一的勒·柯布西耶①，在做建筑师的约四十年期间，过着非常有趣的日常生活。

据说无论发生什么事，他都只在下午才去建筑设计事务所，而他的整个上午都在画画。

也许在柯布西耶看来，绘画和建筑设计在艺术世界里是紧密相连、不可分割的。所以，他看似将有限时间的一半花在建筑设计以外的事情上，实则是更好地激发灵感，完成建筑设计。

越是有创造力的人，越会把看似浪费的时间用在自己身上。换句话说，他们是在等待精神上的灵感，因此即便有时做一些玩耍、发呆或者散步等看似浪费时间的事，也不会影

---

① 勒·柯布西耶（Le Corbusier, 1887—1965），20世纪著名的建筑大师、功能主义建筑的泰斗，被称为"功能主义之父"。

响到最终的结果。

⊙ 持有打开心灵的钥匙

聪明人懂得如何过好每一天，他们持有打开自己心灵的钥匙，知道何时应该打开并激活自己。

据说法国文豪奥诺雷·德·巴尔扎克[①]习惯傍晚睡觉，半夜醒来畅饮咖啡后开始写作。据他本人说，他每天喝咖啡的量异于常人，一天下来要喝 50 杯左右。他把咖啡当作自己的援军，在咖啡的帮助下通宵写作，全力奋战。

姑且不论过量饮用咖啡在医学上如何评判，这种明显异于常人的时间使用方法，应该是巴尔扎克取得成就的独特原因之一。

---

① 奥诺雷·德·巴尔扎克（Honoré de Balzac, 1799—1850），法国 19 世纪著名作家，法国现实主义文学成就最高者之一。其著作《人间喜剧》被称为法国社会的"百科全书"。

第 1 章

001~022

整理信息的思维习惯

思维习惯
001
概 括

一分钟阐述三个关键词

⊙ 无论什么内容，用一分钟概括其精髓

聪明人都有一个特征——擅长输出。换言之，聪明人概括能力强，擅长阐述。

将自己的所思所想通过语言、文字或者某种行为传达给他人，是一种基本的日常输出。

比如你昨天看了一场电影或者读了一本书，你会如何讲给朋友听呢？聪明人可以简明易懂、风趣幽默地阐述一番。

一个好习惯可以帮助我们提高输出能力，即选出三个核心关键词，围绕它们用一分钟时间进行阐述的习惯，也可称为"阐述技巧"（关于三个关键词的具体使用方法，请参考思维习惯 011）。

　　具体来说，每个关键词的描述时间为 15 秒，相当于一则电视广告的时间。如果将整个描述分为四个电视广告来看，前三个广告分别用来描述三个关键词，第四个广告用来阐述结论。这样一来，一分钟便可简明扼要地概括整体内容。

　　只要学会这种方法，无论多么复杂的内容，都可用一分钟概括。

⊙　计时练习法

　　在大学的教师培训课上，每逢新生入学，我都会让他们练习"一分钟阐述法"，让他们亲身感知 15 秒这个时间概念。起初，几乎所有学生的阐述都不及 15 秒。

　　其实，15 秒的时间远比我们想象的长，换言之，15 秒足以传达很多信息。针对一个话题，我们只需抓住三个关键词，计时 15 秒对每个关键词进行阐述，总计时一分钟对整体进行概括，便可大幅度提高输出能力。自己的输出能力提高，也意味着节省了对方的时间。

思维习惯
002
倒 推

必要的输入应尽量输出

⊙ 很多人过度输入

在日常生活中，很多人输入与输出的比例约为 9∶1。甚至有些人会一味地输入，几乎不输出。也就是说，现在很多人都在过度输入。

然而，沉溺于过度输入信息会导致大脑一直处于紧绷状态，无法正常运转，从而无法很好地完成输出。

比如，写论文或报告时，一味地输入信息，再花时间整理这些信息……如此一来，不仅给大脑极大的压力，无法正常地完成任务，还会浪费很多时间。聪明人会用倒推法思考要输出的内容，从而选择所需信息进行输入。

例如，写论文（输出）要验证某个假说时，先思考需要调查什么，然后从庞大的数据中精准地挑选出要调查的内容。如此一来，你会发现，其实你只需原先十分之一的时间便可搞定。比起原先的毫无目的，这种方法思路清晰、目的明确，还能节省不少精力。

学会摒除不必要的信息，有助于提高输入时的专注力和速度。

⊙　输入量和输出量最好持平

聪明人不浪费输入，就像捕回来的鱼要全部吃完一样，我们要尽量保持输入和输出的对等。

换言之就是——将输入进来的东西尽可能地输出。

思维习惯

003

分 解

分解难题，逐一解决

⊙ 擅长规划，就不会畏惧困难

我们在日常生活中难免会遇到一些难事。这时，如果你满心畏惧，觉得很难克服困难或者因此而沮丧，就容易变得焦虑，不知所措，举步维艰。

聪明人面对困难时绝不畏惧。无论面对怎样的艰难险阻，他们都能够坚定不移地沉着应对。

无论多么困难的事情，他们都能够先做分析，再进行细致的分解与规划，分阶段解决问题，比如"首先，要完成这一步，在此基础上再进行下一步……"。也可以说，他们时刻做好了解决问题的准备，所以不会惊慌失措。

⊙　细分后，集中精力解决不擅长的部分

如果不懂得分解问题，妄想一下子解决整个问题，就容易陷入束手无策的混乱之中。

反之，如果把问题分解成一个个小问题，就可以一步步解决。就像雏鸟学飞一样，想要一下飞行于天空确实困难，但可以先分阶段学习。首先，站在栖木上，其次是助跑、如何挥动羽毛……按照这样的顺序进行分解，就能掌握技巧，学会飞行。

我很喜欢拉大提琴，其中有擅长的部分和不擅长的部分。通常我会将它们分类，然后集中练习不擅长的部分。

如此一来，熟能生巧，不擅长的部分反而拉得最好，最后甚至能完美演奏出整首曲子。因此，无论面对多大的困难，只要将其分解成多个小问题，冷静地逐一分析，便能沉着应对，逐步解决。

思维习惯

004

高 效

细分时间，增加密度

⊙ 现在和过去的时间密度不同

如今，婚礼上的讲话都要求控制在 3 分钟以内。也许很多人会诧异为什么只有 3 分钟，但其实 3 分钟是段很长的时间。

再比如，录制电视节目时，如果工作人员提醒主持人"还剩 45 秒，请总结"，主持人反而会因时间过多而慌张。因为主持人只需 5 秒便能用一句"好的，再见"完美收尾。也就是说，这 5 秒的时间密度非常之高。

现代社会与过去相比，时间被划分得极为细致，被划分的每段时间的密度也非常之高。

比如，检票口因为一个人的乘车卡余额不足造成堵塞，尽管只是堵塞一到两秒，也会让后面的人焦躁不安。其实，比起曾经的人工检票，现在的检票方式已经快了很多，人们之所以容易焦躁，是因为我们生活在一个高速发展的社会里。

⊙ 有意识地把 15 秒想成很长的时间

换句话说，细致划分时间，提高工作密度，专注于自己的兴趣爱好，是生活在高速发展社会的必要条件。如果你觉得 15 秒真是太长了，也可以在 1 分钟或 3 分钟内做很多事情，进而提高生活的密度。

如果要上节目，我几乎都是在当天才快速浏览剧本。因为很多时候录制的内容在当天也会发生变动。其实，生活在高速发展社会的我们都应该适应这种短时间内进行密集讨论的工作，也要有意识地去锻炼相应的能力。

思维习惯

005

关联

通过提问串联信息

⊙ 将碎片化的知识系统化

一个知识丰富的人不一定是个有智慧的人，亦不一定是个聪明人。有的人虽然储备了很多知识，但是这些知识没有关联性，处于零散状态，只是些碎片化信息，即所谓的杂学知识。而活用知识是要将信息进行整理，使其相互关联，方可在适当的场合进行输出。

要想系统地总结零散的信息，可以使用"提问法"，即通过提问将信息串联起来，使其连成一条线。

例如，面对"何谓工业革命？"这样的一个大问题，不要笼统地按照时间顺序罗列事实，而是以提出多个小问题的方式逐一阐述，比如"为什么起源于英国？""具体有哪些变革？""对世界的影响有多大？"等等。

如此回答，信息之间便有了关联性和共同点，将它们串联起来，便可以看到工业革命的全貌。

⊙　"提问 (?)"与"回答 (!)"组合

通过提问的方式阐述不仅可以让听者产生兴趣，也有助于输出者快速抓住谈话的要点，给人留下聪明的印象。

我们可以将自己平时生活中感兴趣的事情或者想到的事情用问答的形式写在笔记本上，标记"？"。之后通过调查或者其他方式找出答案，标记"！"。

"提问（？）"和"回答（！）"是一个组合，作为一个知识点串联起来。就工业革命的问题来说，如果能做出三套左右的"提问（？）"和"回答（！）"，便可以系统地阐述工业革命了。

思维习惯
006
回顾

输入时要适当地复习回顾

⊙ 完成后回顾

很多考生做数学题时只做一遍。这一行为并不可取。

除非是非常优秀的人才，多数人不太可能一次便全部答对，也一定有不会的题目。不擅长的题目，即使看了参考答案，再过一段时间还是会忘记解题方法，做不出来。

这时可以先抽离出来，复盘一下自己的做法和想法，给自己设定一个回顾（复习）时间，重复两三次。

第一步很快就可以做完，只需将自己会和不会的题目进行分类即可；第二步，针对不会的题目，看完参考答案后回顾，留出复习时间，进行第二次尝试；第三步，从第二次尝试中再次筛选出自己不会的题目进行第三次尝试。

⊙ 第七次才是记忆的高峰期

即使第五次还没解开题目也不必沮丧。不停地设定回顾时间进行复习，直到解开为止。

记英语单词时亦是如此，一定会有些查了很多遍字典还是记不住的单词。我个人认为，英语单词的记忆高峰期在第七次。

因此无须着急与气馁，只要记七次便能记住。当然，这需要我们前六次不停地回顾与复习，一边检查已经掌握的知识点，一边重复挑战。

不仅仅是学习，任何事都不妨如此一试，聪明人遇到困难都会停下来回顾，然后重新开始。

思维习惯
007
朗 读

通过发声彻底完成输入

⊙ 通过朗读减少失误

输入信息时不要只在大脑中处理，可以试着读出来。这个方法简单而有效。

一位经营者曾因公司员工频繁出错且屡教不改而苦恼不已。某一天的早会上，他让全体员工一起大声朗读那些错误。而这一举动竟让那些令人头疼的问题迅速减少。

事实证明，大声朗读，再听到自己的声音，会让大脑记忆更为深刻。比如我经常忘戴（带）手表、手机和眼镜，便养成了出门前说一遍"手表、手机、眼镜"的习惯。自那以后，我就再也没有忘记。

此外，如果你说出口的话产生了一些即时的反应，也会令你印象深刻。比如当你说的话伤害了别人的时候，心中便会万分后悔，悔意迟迟消散不去；而如果你说了一些有趣的话引得朋友捧腹大笑，你就可能在一段时间内都记得你当时说话的场景。

⊙　自己的声音可以激活大脑

大声朗读不单单是一种让人舒服愉悦的行为，近年来的科学数据表明它还可以促进大脑运转。

观察大脑成像时，科学家发现人在大声朗读时许多神经细胞变得活跃，促进了血液流动。这表明它能促进大脑活跃，甚至可以改善阿尔茨海默病、抑郁症等。

二宫金次郎在日本被称为"学习之神"，几乎人人都听过他背着柴火大声读书的故事。也许在他人看来，边走路边大声朗读的行为有些异常，但金次郎之所以这么做，或许是因为他亲身感受到了大声朗读的效果。

思维习惯

008

故事化

将复杂的信息编成故事完成输入

⊙ 将知识与故事融合

很多人拥有丰富的知识，却不擅长输出。这样的人不妨试试"故事化"的方法。

比如，工作中做演讲时，不能一味地罗列信息，阐述时还要有故事导入。

具体来说，如果可以有层次、有逻辑地阐述以下几点，例如为什么提出这个企划案，具体要做什么，这个企划案对公司有何益处，就会使整个演讲非常清晰且易懂。

输入亦是同理，将复杂而难记的信息变成故事等，会大大提高效率。

例如，老年人出门前要做 10 件事，比如关掉煤气总开关、拉上窗帘、关灯等等。对于他们而言，很难记住所有的注意事项。

为此，有人做过相关试验。试验结果表明，如果他们将自己从起床后到出门前的行为像故事一样按顺序记下来，这些行为便会深深地印入脑海中。原先看似毫无关联的"煤气总开关"和"窗帘"等，通过故事的形式被串联在一起，即为信息的序列化和结构化处理。

⊙　故事内容任你决定

针对零散的信息，除了之前我们讲述的通过提问将零散信息串联起来的方法外，还可以尝试"故事化"的方法。这两种方法都可以有效地将碎片化的信息进行整理和归纳。

而且，这个故事内容由你自己决定，甚至可以荒唐无比、不切实际。比如"一只红色的怪兽飞到空中，然后关上了煤气的总开关……"这种离谱的想象反而给人带来强烈的反差，使人印象深刻。

思维习惯

009

留下

有感情地输入信息

⊙ **感情的投入让记忆更为深刻**

获取知识的一个有效途径便是尽可能地投入感情。因为
信息输入与人的感情密切相关，积极的感情投入有助于更快
更好地获取知识。

比如，看电视新闻时，可以有意地说出"啊？有这种事
吗？""看起来好好玩啊！"等等，尽情地表达自己的心情。
这样的情绪带动会切实转为输入。

假设你旅游时，住宿的小旅馆提供的是野味料理。虽然
在电视上见过此类料理，但你从未想过自己会吃。

当你在现实生活中亲眼看到这样的食材，并且闻到香味

时，就会不由得感叹"兔子看起来很好吃，这就是野生料理啊"，进而接受野生料理，甚至产生想吃的冲动，感慨自己的初次体验，等等，之后也会牢牢地记住当时的场景以及自己真实的体验。

其实，每一个信息都是微小的存在。如果不用心去记，加深印象，信息就会随着时间的流逝而逐渐消失。

倘若能够投入感情去记忆，信息就会留在心中，切实地存在于那份感情中。

换句话说，投入感情是用感情给平淡的信息上色。

⊙ 输出也要带动对方的感情

不仅输入，输出时也要有意识地投入感情。

比如做工作演讲或婚宴演讲时，如果听众从头到尾没有笑过，也没有流露出惊喜之情，那么很有可能是因为演讲人自始至终没有触动到他们的感情。甚至第二天，大家可能都不记得他说过什么了。

思维习惯

010

搭 档

两人一组，交替输出

⊙ 有伙伴就会产生成就感和紧张感

之前我们介绍了在学习或看新闻时可以发出声音、投入感情活跃气氛等方法，但难免有人觉得一个人做这些事很难为情。因此，如果有志趣相同的伙伴，我建议两人一组用"交替输出"的方式一起学习，也可以称为"互相监督法"或"交替法"。

初中时，我就经常这样和朋友一起学习。比如在考试之前，我们会约好一起去谁家，一起复习完某一章节后，我先用 1~2 分钟时间进行复述，这时他作为听众看着课本进行检查。然后他再复述，我来检查。就这样交替重复，一起记住课本上的内容。

⊙　检查的人也同样有收获

作为检查的人，最重要的是尽量给予正面的评价，比如"非常好""只要再记一下这里就可以了"。互相称赞很容易让彼此都产生成就感。而且让别人检查，也能够发现自己可能没有注意到的遗漏问题。

另外，对方的存在可以推动我们进步。从某种层面上讲，这也是一种比赛，激发胜负欲的同时，使人产生适当的紧张感。这种方式会帮助彼此更好地输入和输出。

而且，做过的人都知道，当我们在检查对方的输出时，也会加深自己的记忆。所以，无论你是输出还是检查，其实都是在加深记忆。

思维习惯

011

整体观

锁定关键词，理清逻辑

⊙ 了解整体情况后锁定三个关键词

无论是理解还是阐述，关键词都要选三个。我经常让学生选择三个词做阐述练习。因为两个词太少，四个或五个太多，三个最合适，也最有效率。

例如，以传说中的浦岛太郎①为题目，可以选择"龟""龙宫""玉匣"等词来阐述故事。如果选词不当，可能会给他

————

① 浦岛太郎：日本古代传说中的人物。此人是一渔夫，因救了龙宫中的神龟，被带到龙宫，并得到龙王女儿的款待。临别之时，龙女赠送他一玉匣，告诫不可以打开它。太郎回家后，发现认识的人都不在了。他打开了玉匣，玉匣喷出的白烟使太郎化为老翁。

人的理解造成困难。

　　要在短时间内锁定三个关键词，必须具备准确、快速了解整体情况的能力。快速地抓住重点，对于了解和阐述事情非常重要。

⊙　神奇的数字"三"

　　实际上，"三"是一个在科学界、数学界以及哲学界都很常见的数字。比如，科学家发现 DNA 是一系列被称为三联体的三细胞分子组合，数学上三角形最稳定，孔子说"三人行，必有我师焉"，就连我们日常生活中常见的信号灯都是红、绿、黄三种颜色。

　　"三"这个数字似乎有着神奇的魔力，让人产生一种绝妙的平衡感。人们在表达上也倾向于使用数字"三"。例如，阐述法国革命时，比起"法国人""民主主义"，"自由""平等""友爱"这三个词可以让故事更加立体，也更容易传达革命理念。

思维习惯

012

阅读

按照重要性将信息分为三种颜色

⊙ **通过区分颜色掌握概括能力和阅读能力**

　　我年轻时便习惯读书时把自己在意的地方分成三类，用三种颜色标记出来。

　　所谓"三色法"，就是把最重要的内容，即作者最想表达的不可忽视的部分用红线标出来，把数据等客观重要的部分用蓝线标出来，把纯粹主观的有趣部分用绿线标出来。简言之，红色是"极其重要"，蓝色是"较为重要"，绿色是"有趣"。

　　当然，一旦画线便无法擦拭，故而让人产生某种紧张感。因此，读者要认真读取作者的所思所想，发现最为重要的核心内容后再画红线。在我看来，读书需要这种恰到好处的紧张感，它是舒服且愉悦的。

　　说到底，如果读不懂一本书的核心内容，便无法画线。比如有的人只能画蓝色的线，画不出红色的线。阅读时反复使用三色法，练习用三种颜色将信息分类，便能逐渐掌握概括能力和阅读能力。

⊙　三色法也能帮助输出

　　三色法除了可以用于读书，也几乎可以应用于任何场合。比如可以标记为蓝色的客观依据。我发现有些人在日常对话中经常因为缺乏依据而没有说服力。我也有过这样的经历。有一次录制电视节目时主持人让我说一下饮食感受，我当时只是吃了一大口菜，没说一句话。从逻辑上来看，我应该先说"好吃"，即红色部分，然后说具体的味道和口感，即蓝色，最后加上"虽然太辣了，但是我很喜欢"之类的个人主观感想，即绿色。但我却连最重要的红色部分"好吃"都没说。

　　换句话说，先说最想传达的重要部分（红色），再说能够提高说服力的客观依据（蓝色），最后加上能够起到画龙点睛作用的个人主观感受（绿色），便能完成极好的输出。

思维习惯
013
串 联

通过"符号思维法"将
文字资料图表化

⊙ **找出关键词，用符号串联起来**

开会时除文字资料外，若能有一份图表化的文件作为补充，效果会更好。如果不想专门做一份图表化文件，还有一种简便方法，只需用笔便可以将文字图表化，从而绘制出主题全貌。

具体来说，其实只需将文字资料中的重要词句用符号标出即可，比如画条下划线或者画个圈，并观察它们之间的关系，用"→""=""?"等符号连接起来，整个资料就会变成一张图。

如果能根据文字不同的意思用多种颜色的笔标记区分，便更加一目了然。这样，比起别人的文字资料，你的图表化资料便会因便于理解而夺人眼球，胜出一筹。

然而，有时听上去简单的事情做起来却并不容易。首先，要正确地标出关键词。其次，要真正理解各个关键词之间的关系，梳理出先后顺序，用合适的箭头将其串联，不可随意标记。比如开会时需要与演讲者的讲解保持同步，迅速准确地做出标记。如果圈出的词语毫无意义，或者箭头相连的词语毫无关系，便不是一张合格的图表。

⊙　将复杂的内容可视化，使其一目了然

将打印出来的一大堆有用没用的文字，逐渐绘制成图表，进行可视化操作后，看起来会更简单舒服。习惯这种方法可以帮助我们解决生活中的各种问题。例如朋友因人际关系的烦恼来找你谈心时，如果能在纸上一边写一边绘制成图表，便可以将相互交织、错综复杂的人物关系进行梳理，并且从中找出核心问题。然而，图表并不是万能的，也会出现各种问题，比如当箭头或标记的意思不好理解时，便有必要用说明文字等加以补充说明。

思维习惯

014

说 明

尽力分解，完成简易的输出

⊙ **孩子都能听懂，才是理解透彻**

把一件复杂的事情用含糊难懂的说辞讲给大人听并不难。真正难的是把它用浅显易懂的说辞讲给小孩子听，让他们听懂。比起孩子，大人不仅有更强的理解能力，而且即使有个别单词不解其意，也可以通过整体对话理解你的大意。

比如你在公司与同事谈论股票时说道："我担心会出现超跌现象。"即使对方不太明白，也能通过语境知道"超跌现象"大概是指对市场的某种过度反应。甚至有时你也会用一些连自己都不太明白的专业术语。

但是面对孩子时就要另当别论了。首先，必须用自己真

正明白的词，不能单纯地罗列一些商务用语。如果能在这种
条件限制下进行简单易懂的讲解，就能完成高质量的输出。

⊙　如何向孩子介绍德鲁克 ①

目前，我已经出版了几本面向孩子的译著，内容涵盖尼
采名言、武士道精神、释迦牟尼教义等。通过亲身经历，我
深刻体会到了出版儿童书的难度远远大于出版一般书籍，前
者要花费更多的时间和精力。

例如，在介绍彼得·德鲁克时，我会解释说："德鲁
克是一位享誉世界的管理学大师，他主要从事有关企业管理
的研究。然而，他最关心的不是金钱，而是一直在思考和探
索真正让人感到幸福的是什么。最后，他找到了答案，认为
取得一定成绩的人才能快乐地生活。"养成细致分解问题、
简单易懂回答问题的习惯，不仅可以帮助我们发现自身都不
太明白的地方，还能帮助我们加深理解。

---

① 　彼得·费迪南德·德鲁克（Peter Ferdinand Drucker，1909—
2005），美国管理学家，被称为"现代管理学之父"。

思维习惯
015
优先排序

用一张 A4 纸总结信息

☉ 高度概括的能力

开会向别人阐述某事时，无须制作几十张资料。基本上一张 A4 纸就足够了。因为开会时根本没有时间阅读太多的资料。

倘若无论如何都需要补充资料，也可以用共享电子版的方式，附上一句"详细内容请稍后浏览"即可。

最重要的是高度概括的能力，也就是将自己想说的内容归纳在一张 A4 纸上的概括能力和语言组织能力。给学生上课时，我会让每个学生用一张 A4 纸制作一份企划书或说明书，并分发给所有人，再由他们各自进行简单易懂的阐述。

　　例如，对"关原合战"①等历史用语、"美国利率上升"等时事用语进行解释时，先把信息整理成一张 A4 纸，并用 1 分钟左右时间进行阐述。因为篇幅受限，信息需要被精心筛选，并按照优先顺序写在纸上。此外根据需要加入表格或图表的话会更有利于理解。

⊙　"擅长聊天"不等于"擅长阐述"

　　倘若文章的布局巧妙、格式精准，便会让人一目了然，甚至只需 5 秒左右就能了解整体情况。能够如此整理文章，便会逐渐具备高度概括能力，任何事都可以整理在一张 A4 纸上。

　　现实生活中有不少能说会道的人，他们中的大多数都误以为自己绝对不会使用资料，甚至认为只要能说会道即可。

　　但是，"口才好"和"讲话质量高"完全是两回事，无论如何还是有资料更便于他人理解。

---

　　① 关原合战是日本庆长五年九月十五日（1600 年 10 月 21 日）发生于美浓关原地区（今岐阜县）的一场战役。此战被誉为"决定天下的战争"，是日本战国时代影响最重大的战役之一。

思维习惯
016
搜 索

养成凡事都调查的习惯

⊙ 充分地使用智能手机

如今，得益于互联网的发展，我们可以免费获得外界的很多信息。智能手机的存在，又使我们可以随时随地上网搜索信息。然而，现实生活中竟有很多人未能充分使用这一被称为"行走的信息"的现代"神器"。

疫情发生之前，几位客人在一家餐馆讨论经济发展问题。当时有人问了一个难题"雷曼危机是什么时候发生的"，致使讨论戛然而止。所有人都有手机，只要搜索一下，应该不用半分钟就能知道答案。结果他们却跳过了这个问题，继续谈论。其实只要上网搜索一下，就能知道金融危机发生的时间、经过以及相关的数据等。

为了赋予核心话题可靠的支撑，证据（根据）是不可或缺的。只要擅于检索，无论多么模糊的话题都能变得更加具体，并且有逻辑性。

如果只用手机浏览社交网站或者网络新闻等，实在可惜。

⊙　聪明人擅于搜索

聪明人都很擅长搜索信息。他们总能精准地选定关键词，快速地找到相关信息。比如针对同一个问题，让数名学生同时搜索相关信息，有人需要一两分钟，有人几十秒便能找到答案。

擅于搜索的人，能够精准地选出与所需信息 A 相关的信息，比如迅速地找到专门针对信息 A 的关键词，以有效地避开信息 B。

例如想去一家特定的咖喱店时，用"东京""咖喱店"搜索等于大海捞针。除了要知道具体的地名外，还要马上找到该咖喱店的专属特征，比如"500 日元以内""深夜营业""南印度"等等。

思维习惯
017
认 知

整理出属于自己的信息

⊙ "活知识"与"死知识"

学习就是获取知识。关于知识，认知科学领域将其分为两类——"活知识"和"死知识"。

活知识是指能够马上学以致用的知识，就像一支放在桌子上的圆珠笔一样，每天都在使用，闭着眼睛都能拿到。

而死知识就像放在抽屉最里面、已经多年没看的旧存折或房本之类的东西。也可以说，活知识是"积极的知识"，死知识是"消极的知识"。

我们要在日常生活中积极地使用知识，才能使知识保持鲜活。

⊙　碎片化的信息并非活知识

零零散散背下来的碎知识其实是死知识，只有在需要时能够马上学以致用、与其他知识相结合的才是活知识。

比如，"永禄三年，织田信长在桶狭间之战中取得胜利"这样的历史事件只是碎片化知识，它本身并不会帮到你什么，也不是你自己的东西。

然而，倘若你熟知历史，能够头头是道地讲述该历史事件，比如："当时，今川军的士兵多达 25000 人，而织田信长仅有 4000 士兵，但信长采用缜密的作战计划打败今川军，一改战国时代的局面，这成为扭转历史的一次大事件。"从战争背景到它的原因，以及给后世带来的影响都了然于胸，这个知识便是活知识，是真正属于自己的东西。

一般来说，日本考生能记住 5000 个以上的英语单词，但也有不少人完全不会用英语表达。可是 3 岁的美国孩子却可以用自己仅会的一些单词与大人流利地对话。这是因为美国孩子心里的这些知识是体系化的活知识。

思维习惯

018

联 结

组合记忆法，回顾信息

⊙ 顺藤摸瓜式地回忆

记东西时不要只记 A 信息，把相关的 B、C 等信息也一起记住，有利于日后更好地回忆起 A 信息。因为很多情况下是先想起 B 或 C，然后顺藤摸瓜式地回想起 A。

比如关于宗教改革，可以记住"中世纪末期基督教的革新运动""提出《圣经》中心主义（基督中心论）的马丁·路德""提出预定论的加尔文"这三个信息。如此一来，日后只要想起其中一个，其他信息便能随之想起。养成这样的习惯后，便能通过组合记忆法，顺藤摸瓜式地回忆起所有信息。

关于意大利的天文学家伽利略·伽利雷和英格兰的自然

哲学家牛顿，可能很少有人会通过时间轴将二者联系起来。其实，伽利略于公历 1642 年 1 月逝世，牛顿于 1643 年 1 月出生。可以说人类失去一个天才后，又迎来了另一个天才的诞生。

如果把这些看作一部跨越时代的电视剧，将二人一起记住，就会有"互相吸引"的效果，而且还把历史无缝连接起来，意义重大。

⊙ 散步时也可运用组合记忆法

有个名为《布拉塔摩利》的电视节目非常有趣，节目中的嘉宾漫步街头，不仅对健康有益，还能发现一些不为人知的街道历史，了解人们的生活，学习到新知识。

例如，看见横滨的红砖仓库，不要仅说一句："啊，经常在电视上看到这个。"如果可以这样阐述一下历史：幕府末期，佩里来航打开日本国门，横滨开放供洋人居住，明治时期搭建了大栈桥码头供外国大型船只停泊，随着贸易往来的频繁又增建了红砖仓库，再后来，随着需求的不断扩大又搭建了山下码头……可以这样一边散步，一边把信息串联起来记住历史。

思维习惯

019

创 新

时而维持秩序，时而打破秩序

⊙ 秩序之中很难产生创新性的想法

讨论问题时，有人总是想风平浪静地结束话题。开会时亦是如此，有的主持人会时刻维持秩序，待会议顺利进展一小时后进行收尾工作。然而，这样的平缓中无法擦出火花，最终无法产生新的想法。

就像高斯和卡欧斯一样，讨论和开会时适当地维持秩序（高斯），又允许混乱（卡欧斯），才是最理想状态。如果始终秩序井然，便无法展开充分讨论，进而无法产生新的创意。

在一个习以为常、秩序井然的环境中，突然涌现出一些大胆的想法或者新颖另类的意见，难免会使局面混乱。这时需要注意的一点便是不能按照原先计划试图去调节。

　　当然，如果每个人都各抒己见，导致争论不休，会议便无法得出有效的结论。因此，我们应该一边推敲与吸纳那些新奇的意见，一边使其维持在某种和谐的秩序中。重复这一工作，便会渐渐将大家的想法融合在一起，得出有层次的、有内容的结论，会议的效率也会变得更高。

⊙　用"例如"打乱秩序，用"就是说"维持秩序

　　无论是日常对话还是演讲，皆是如此。例如谈到一本书时，习惯性地称赞固然可以。但也可以一反常态，故意先说一些不好的话，比如"书早晚会被淘汰""书会电子化"等等，然后再说："尽管如此，还是有很多人迷恋纸质书，为什么呢？"如此一来，便使话题增加了几分深度和广度，能够更有趣地展开。

　　其实，我们在日常生活中经常会无意识地引用多个事件举例说明，打乱秩序。然后再用解释法，比如"也就是说，我想说的是……"等语句来维持秩序。这便是维持秩序与打破秩序的不断切换。

思维习惯

020

分类

适当地舍弃不重要的信息

⊙ 敢于舍弃不重要的信息

无论是日常交谈还是开会，聪明人都能正确区分必要信息和非必要信息。比如，某人原先要讲 A 到 E 5 个议题，按顺序应该依次从 A 到 E ，但由于时间变动，他需要快速地做出取舍和调整："由于时间有限，我们这次直接从 C 开始讨论。关于 A 和 B，我会用平板共享，请大家有时间时自行浏览。"

举个例子，比如一名销售负责人与客户洽谈后向上司汇报情况："公司重新装修了，我见到对方了，他还让我等了10 分钟。"最后才说了一句："这次洽谈不太顺利，我很抱歉。"想必上司肯定会非常生气，甚至会怒斥道："早说结果呀。"可以看出，这名销售负责人不擅长整理信息，无法确定优先顺序，才会只说些毫无意义的具体内容，根本没能抓住重点。

这样的人缺乏信息筛选能力，即使说要"简单说一下"，也会继续滔滔不绝，做不到真正的"简单"。因为他们无法对信息做出取舍，才会把浮现在脑海中的话全部说出来。

⊙ 倒推时间，选择最应该传达的内容

有时要讲的内容很多，而时间却只有几分钟。这时便需要倒推时间，明确知道在有限的时间内应该传达什么，筛选出最重要的信息，概括大意、简短传达。本书中介绍的一分钟概括计时练习、锁定关键词等方法，正是如此。

整理信息亦是同理，我们很难用一张 A4 纸总结出一本书的内容。但只要能够正确取舍，便可以轻松地用 peraichi^① 做出一个完美的资料库。

---

①　日本免费制作网页的一个软件。

思维习惯

021

理解本质

通过小问题捕捉大问题

⊙ 养成系统思考的习惯

之前介绍的"符号思维法"正是将系统思考这一概念具体化的一个方法。这是彼得·圣吉在《学习型组织》（英治出版）一书中提出的一种思维方式，即俯瞰整体，准确地把握其中每个要素之间的因果关系。书中还介绍了将因果关系画成图，使整体结构化的方法。

例如，一名新员工面临很多问题时不知从何下手。这时，首先要围绕问题全面观察整体情况，按照重要性、关联性、优先顺序等对多个问题进行排序，由此来决定应该先做的事情。做到这一点，便学会了系统思考。

与之相反的是那些"只见树木不见森林"的人。他们只能看到碎片化的信息，总是局限于眼前的信息，因此永远看不到问题的本质。

⊙　会系统思考的涩泽荣一

因 NHK 大河剧《冲上青天》而备受关注的涩泽荣一是会系统思考的典型人物之一。

作为江户末期的一名幕臣，他视察欧洲时捕捉到了别人没有看到的社会景象。其他人都在称赞桥和街道等的美丽与壮观，可以说只看到了"树"便深深地为之震撼。只有涩泽先生一人透过"树木"看到了"森林"，即"股份公司的概念""银行这种金融系统"等，了解到了欧洲社会的整个体系，捕捉到了事物表面下的本质。

聪明人，能从小问题捕捉到大问题，习惯把一个问题看作更大问题的一部分，并思考它们与其他要素的关联。

思维习惯

022

瞄准目标

回答既要具体又要抓住核心

⊙ 不具体、抓不住核心的回答毫无意义

很多人被问到问题时只能笼统抽象地回答，甚至有人会偏离核心，答非所问，自己却毫无察觉。

而聪明人总是有意识地抓住核心，并且做出具体的答复。所谓抓住核心，就是要瞄准目标、一针见血。

例如，A 先生问 B 先生昨天休息时做什么了。B 如果说上午去了健身房健身、晚上看了一场夜间球赛等便很好，不能流水账似的回答早上 7 点起床，然后洗衣服、晒被子等等，啰里啰唆地罗列些日常。虽然够具体，但没抓住核心。

　　再比如，你问一个高尔夫球爱好者为何如此热爱高尔夫球，他说因为高尔夫球是他的人生。也许于他本人而言，这个便是正确答案，但是这个回答毫无具体性可言，甚至可以说并没有回答问题。

　　如果棒球选手问教练如何投曲线球，教练却只是简单回复："总之要有毅力，有气势。"这样的回答既不具体，又偏离核心。

⊙　确定好自己的定位

　　将"核心"和"具体"的概念按程度分成四部分后如图1-1 所示。最理想的状态当然是既有具体性又抓住了核心。也就是说，越靠近图中右上角，越接近理想状态。

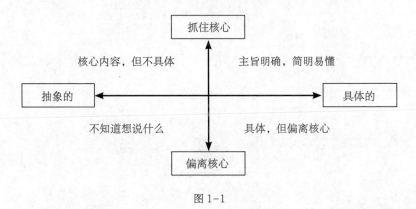

图 1-1

日本前总理大臣田中角荣便是一个典型人物。他总能精准地选出听众想听的主题（核心内容），用看似感性的数字和事例具体排列，每次演讲都深入人心。

我们不妨回想一下自己日常说的话或者写的文章，分析一下自己处于图中哪个位置。

第 2 章

023~040

高效沟通的思维习惯

思维习惯

023

联 动

将听到的问题先概括，再展开

⊙ 偶尔赋予新的含义，拓宽话题

和别人说话时，要先集中注意力去听。

这里所说的"听"，并不是单纯地让声音传到耳朵里，而是一边思考对方想要传达的内容，理解其背后的深意，一边在脑海中准确概括。明白了谈话内容，便能很好地概括大意。

世上并非所有人都能说会道，擅长沟通。有人说话总是拐弯抹角，甚至自己都不知道自己在说什么。这就需要认真倾听并且概括大意，这样也会让对方舒服很多。

这与前面介绍的带着输出意识去输入的方法是相通的。

⊙　只要有意识地听，就能拉开差距

有时可以通过一些附加语句，比如"原来如此，就是这样啊……""如此一来，也可以和此事联系起来……"赋予谈话内容一些新的含意，拓宽话题。如果这些总结和展开恰到好处，正中核心，对方就会觉得这个人是理解我的，因而感到安心，之后的谈话也会更加顺畅。

如果是在工作场合与上司对话或是商务人士之间对话，践行这种方式就会给人留下概括能力强、聪明的印象，收获好评。

可以说，提高了听的能力，思考能力便会大幅度提高。听别人讲话时，有意识地把别人说的话加以概括的人，与只是听个大概的人，有很大差别。

而且，会概括的人也会把控话题的走向。比如，遇到一个总是重复同样的话、不得要领的人时，可以及时引导，用一句总结的话使其回到正轨。

思维习惯
024

真 诚

做好倾听的姿态，让对方安心

⊙ **身体朝向对方，做好全身心倾听的准备**

其实，听别人说话时的姿态非常重要。起码要正对对方，如果对方位于自己右侧，就把身体角度稍微向右调整一下。

这一举动看似微小，却可以大大缓解说话人的紧张感，使沟通更加顺畅。

我有时会在体育场等场地演讲，那样的场地里大多是连排的钢管椅，一般都是垂直或者平行那样笔直地排列。

这样的座位并不好。因为偌大的场地中只有几列座位正对着我，也就是说只有少数听众能在我的正前方。如果想让演讲的效果达到最佳，最好是将椅子呈半圆状排列，让演讲人在中间。这样便可以让更多的人正对演讲者。

⊙　时刻要有给予回应的意识

如上所述，听别人说话时，需要有意识地将身体正对对方，全身心去听。此外，还要注意其他回应方式，比如点头。

点头有很多种，比如日常对话时边微笑点头，边随声附和一句诸如"原来如此"的话语，正式场合时默默点头表示赞同等。其实，点头不只是个随意的动作，还是在向对方传达"我理解你"的意思。所以，我们在听别人说话时，必须要有给予对方回应的意识。

以往的线下授课，学生或多或少都会给予回应，老师能够看到学生们的反应、了解学生的掌握情况，授课才能有条不紊地进行。众所周知，疫情期间很多大学开始采取网上授课的形式，但起初几乎所有学生都不开摄像头。对于老师而言，面对几十个"隐形"的学生讲授 90 分钟课程是很难的。所以，我们呼吁网上上课时学生们都打开摄像头，让老师看到其表情和反应。这样一来，授课效果便会大为不同。

很多人平时并没有意识到，面对面交流在人与人的沟通上起着如此重要的作用，更不用说听者的身体姿态了。这就是很多谈话和沟通效果大打折扣的原因。

思维习惯

025

起点

有意识地说出他人姓名

⊙ 不要把功劳归于自己

会议中，有人会在别人提出某种方案的基础上进行调整修改，把它当作自己的原创想法继续推进。但聪明人绝不会这样做。

聪明人会有意识地说出他人姓名，告诉别人自己引用了他人的话语，这一点非常重要，比如可以这样说："像 A 先生说的那样，我也非常认同。"

不要硬把功劳归于自己，而是要正确地把功劳归于 A 先生。这样对 A 来说，你就成了伙伴、同伴、可以共享意见的盟友，他也会很乐意让你引用他的话，而不会有任何其他情绪。

最重要的是，让所有参加者都知道该提案是由 A 提出的这一事实，顺利推进之后的讨论。

这也反映了一个人梳理意见的能力。因为会议不仅时间长，而且会上大家在各持己见、侃侃而谈中就会逐渐忘记原先是谁提出的这个方案。在这种混乱中，能够很好地梳理出"是 A 提出"的人，解读能力一定很好。

⊙ 名字对于每个人而言都是特别的存在

有意识地说出别人的名字，可以拉近彼此的心理距离。叫出别人名字，也是一种交流方法。当我们被人叫出名字时，会不由自主地对对方产生亲近感。

美国著名作家、人际关系学大师戴尔·卡耐基[①]曾经说过："姓名是最甜蜜的语言，如果你能在第一次见面时就记住他人的名字，这会使你更容易走向成功。"名字是每个人的专属特征，它作为一个代号，被赋予特殊的感情，对人们来说有着非凡的意义。

---

① 戴尔·卡耐基（Dale Carnegie, 1888—1955），美国著名人际关系学大师，西方现代人际关系教育的奠基人，被誉为20世纪最伟大的心灵导师和成功学大师。

思维习惯

026

客 观

丢掉偏见，倾听他人讲话

⊙ 持有偏见，会引起误解

也许你觉得客观地听别人讲话是一件理所当然的事情。但是，人难免会带着先入为主的观念去思考问题。因为人们很容易基于一些过往对某人持有某种刻板印象，并且很难丢掉这些看法。

如果带着先入为主的观念听一个人说话，不管他说什么，都会觉得他"应该是这样"，就会偏离主旨，甚至会完全误解他的话。

生活在活字印刷时代的人一听到网络社交媒体就会产生厌恶感，就像条件反射似的对网络世界进行全面否定。这种行为并不明智。

反之，如果能客观地倾听别人讲话，丢掉对网络的固有印象，就能体会到网络社交媒体的趣味，积极地吸收些新知识。

被称为"经营之神"的松下幸之助在其著作中提到了"客观的初级阶段"。意思就是说，用坦诚纯净的心看待事物，才能看清事物的真面目；用固有封闭的心看待事物，便只能看到自己假想的现象。丢掉一切偏见，放空自己内心，认认真真地倾听他人讲话，才算达到客观的初级阶段。

现象学的奠基人、哲学家埃德蒙德·胡塞尔①也认为人类容易持有偏见、先入为主，需要进行某种训练丢掉偏见。尤其是在重视多样性的当下，放空内心去倾听他人讲话很重要。

---

① 埃德蒙德·胡塞尔（Edmund Husserl，1859—1938），奥地利哲学家，现象学的奠基人。

思维习惯

027

词汇量

用自己的语言转述他人的话

⊙ **只有充分理解，才能转述**

我们把听到的话或者看到的文章转换成另一种表达方式的能力叫作"转述能力"。转述能力是判断一个人是否理解事物的重要指标。

能把对方的话用另一种表达方式说出来，也就是用自己的话表达清楚，就代表这个人彻底理解了这些话。

我曾经写过一本书，名为《做"东大国语"入学试题，锻炼斋藤孝的阅读能力》，专门讲解东京大学的高考国语（语文）试题。

东大的语文试题，几乎都是在文中某个地方画出横线，让学生用简洁的语言进行阐述。这正是考查学生的转述能力，测试学生是否理解文章意思。

比如，面试时考官让你用自己的语言讲述一下某个概念，便是在确认你是否理解了该概念。

有人以为自己的语言只是自己联想到的内容，其实不然，转述是指与原来的话或文章保持大致相同，相当于"约等号（≈）"。

⊙ 语言转述能力，需要丰富的词语量

提高语言转述能力，是有方法可循的，比如从一篇文章中找出三个关键词，然后用这三个关键词写一篇自己的文章。

日本高考世界史也有类似的题型。让你从约二十个关键词中选出自己喜欢的几个，用这些关键词组织成自己的语言来回答问题。

将选定的词语连接起来组成一句或者一段话，不仅需要通读全文的能力，更需要对每个词语的理解能力。也可以说，转述能力强的人都有丰富的词语量。

思维习惯

028

置 换

一句话总结要点

⊙ 用"总之"后的一句话说明一切

我们常说聪明人擅长说明，因为他们概括能力强，擅长用具体例子做出精准的阐述。

那些抽象性强、很难普及的概念，比起花费很多时间和精力用收集资料或作图的方式去补充说明，不如用贴近生活的简单易懂的一句话进行概括，即换种说法解释更容易让人理解。

比如对"中央银行的量化宽松货币政策"进行说明时，与其啰里啰唆地讲一堆："首先为了支撑经济、应付物价，要增加货币基础，然后……"不如说些通俗易懂的话："总之，就是要大量印钞票，增加市面上的钱。"

换言之，就是"总之""简而言之"或"一言以蔽之"等总结性短语之后，附上表达核心意思的句子或词语。

⊙　如果是对话，用 5 秒左右做出总结

搞笑艺人胜在拥有各种搞笑素材。倘若他们总是讲些自己的成长经历，或者一些自己的人生总结，对方可能无法理解其中的真意，甚至不喜欢听。

如果你说"简而言之，这是我的亲身经历"，就可以把自己亲身经历过的印象深刻的事情，巧妙地组织起来进行概括。

如果是对话，就要在 5 秒左右进行概括，有时甚至只需 1~3 秒。

也许你会觉得有点离谱，但其实很多直播的电视节目中，主持人都会以 1 秒、2 秒为单位选择和使用语言，将零散的信息串成一条线。

思维习惯

029

评价

看到别人的努力与付出

⊙ 评价他人的能力

聪明人能够准确地评价他人，具备一定的领导资质。虽说能否做领导与这个人的性格以及他和其他成员的关系有关，但至少也要具备这种准确评价他人的基本素养。

这里所说的"准确评价"是指能够观察到一个成员的努力与付出的洞察力。

阅读学生提交的报告时，我会有意识地边阅读边看他们付出了哪些努力，并且对其努力给予肯定性的评价，让学生知道我看到了他的付出与努力。

其实人生需要持续的努力和付出，无论是学习、运动还是娱乐，人都会在某一方面持续努力。如果能够意识到他人的努力和付出，并且在适当时候给予鼓励和评价，就会让他人获得持续努力下去的动力。

例如棒球投手练习投球时，针对自己一直无法很好控球的问题，努力尝试多种训练方法，比如改变身体重心移动轨迹、拉长投掷距离等，而教练若能对他努力的整个过程给予充分理解与肯定并且提出一些友善的建议，那么不仅会让棒球投手进步更快，也会拉近彼此距离，加深彼此关系。

⊙　意识到自己的付出和努力

当一个人的付出和努力得到认可和理解后，他就会明白自己做的一切既重要又值得，从而产生必须做得更好的想法。

举个比较极端的例子，某位导师在教室给学生布置了一个课题，并且每隔几分钟就问他们"遇到什么问题了""你是怎么解决的"，然后让学生一一回答，这样的训练会让学生的求学意识有飞跃性的提升，教学效果也会大大提高。

思维习惯

030

图表化

时刻确认变化，弄清现状

⊙ **发生了怎样的变化才形成现在的总量**

　　无论是观察一个人的成长，还是观察一些事情，都不能只看整体，重要的是仔细看清变化的过程。

　　例如，一名歌手共发行了三首歌曲。当他听说自己的三首歌的总下载量高达 100 万次时必定会欣然自喜。但是如果仔细研究便会发现三首歌曲的受欢迎度截然不同：第一首歌成绩卓著，下载量达 70 万次，但第二首歌的下载量却大幅度下滑，下载量仅 20 万次，而第三首歌下载量更低，只有第二首的二分之一左右。

　　再比如一名被寄予厚望的后起之秀加入团队，被作为将来的本垒打王去培养，在之后的三年内共打出 30 支本垒打。

也许有人认为年纪轻轻便有这样的成绩已经很好，但如果知道实际情况是每年 10 支左右，三年共 30 支的话，就会发现他三年来并没有什么成长与进步。综上，不要只看最终的总量，而是要注重过程中的变化。

⊙　**关注关键的变化**

父母和老师在关注孩子成长的时候，也要关注其关键的变化。即使他某件事情没有同龄孩子做得好，也可以先将其做事的成果数值化，比如做成图或表格来详细分析。通过分析便能发现他曾在某个时期停滞不前，又从某个时期开始快速成长，以及现在仍在成长的事实。综上，通过关注他的变化曲线图，便能够知道他今后几年也会成长。

有一个叫作"技术奇点"的科技名词，是指技术发展将会在很短的时间内发生极大的接近于无限的进步，其变化速度不是呈加法，而是呈乘法，即"指数函数式"的变化和增长。

YouTube 上的播放量也会因为某种原因突然增加到 100 万次。如果你不知道它是经过了怎样的变化过程才形成了最终的这个数据，就会因此忽略掉关键变化的轨迹，而看不到事情的真相。

思维习惯

031

推 翻

不要刻意引导对方问自己
想回答的问题

⊙ 不在对话中制造"冤假错案"

前面介绍了用"总之"等句子说明一切的方法，但这并不意味着要强行引出自己准备好的答案。

如果你事先就决定好自己要说什么，并致使对方只能做某种限定性的交流，虽然结果看上去如你所愿，但其实它自始至终一直是个封闭式的对话，甚至整个讨论都会在一种错误的认知引领下草草结束，最终不会有任何人从中获益。

就像诱导审讯一样，倘若警方在审讯中带着先入为主的观念，认定被审讯人就是犯人，草草结束调查，很可能制造冤假错案。日常对话亦是如此，诱导性对话不但会磨灭一些新想法，还有可能给双方造成误解。

本来听别人说话就是为了获取一些自己想不到的新主意和新想法。如果你因为只想说出自己事先准备好的答案而去引导对方问自己想回答的问题，其实只是在利用对方而已。当然，处于这种封闭式的氛围中，对方肯定不舒服，也许还会对你产生不信任感。

⊙　时而触动，时而被触动

至于那些貌似已有固定答案的话题，不妨鼓起勇气推翻它，也许会产生新的想法。比如男生说自己喜欢蓝色，并且解释男生都喜欢蓝色，蓝色就是适合男生时，可以故意打破常规，问他"为什么你觉得蓝色适合男生"，也许会让他重新思考颜色，产生新的想法。

所谓对话，需要时而触动对方，时而被对方触动，通过这种灵活的触动与被触动，发现新问题，产生新想法。

聪明人通常能够打破常规、随机应变，比如主持时即便遇上突发事件，也能脱离原先设计，妥善处理。就像话题偏离预期方向时也能轻松应对新的话题一样。

思维习惯
032
循 环

反复询问原因，寻找本质答案

⊙ 通过假设和实验得出答案

当工作或生活中出现问题时，为了解决问题，可以先问问自己"为什么会出现这个问题"，并设想一个解决方案。

面对问题，首先要针对"为什么"建立一个假设，然后通过试验确认，并对结果进行观察。如果无法得出与假设对应的答案，就再重新建立假设，反复进行试验和观察，或许就能找到答案。

这是科学思维的基本原则。文部科学省①的指导资料

———————

① 日本中央政府行政机关之一，负责统筹日本国内的教育、科学技术、学术、文化和体育等事务。

中也提到了培养科学思维时需要培养观察能力和"试验"
能力。

　　在学校教育中，一提到科学，人们往往会想到物理和化
学等，但这种思考方法并不是理科的专利，在文科领域也同
样适用。

　　例如，便利店的销售额不理想时，先建立"为什么卖不
出去"的假设。是商品的摆放位置不好、待客态度不好、地
理位置不好还是人流量不多？就这样一边不停地建立假设，
一边根据假设改变商品位置、改善待客态度等等，通过试验
对结果进行观察。

　　然而，并不是每个假设都可以进行相应试验，比如即便
地理位置不好，也不能马上换个地方。但无论如何，还是要
尽量多做假设、试验、观察。通过一遍遍尝试，应该能有所
发现，找到影响销售额的原因。

⊙　科学思维应用于各种场合

　　综上所述，无论是文科还是理科，科学思维可以应用于
社会中的各种场合。

　　便利店的例子亦是如此，简单来说，通过问卷进行调查

（试验）、对得到的结果进行验证（观察）、在企划中做出
预测（假设）等，都是如此。

聪明人总是能够用科学思维客观地推导出正确答案。

思维习惯

033

发现

用提问的形式拓宽思路

⊙　记住被触动的瞬间

将身边令人印象深刻的事情以提问的形式向大家阐述，能够瞬间激发众人思考，引起一场令人感到愉悦的头脑风暴。如果问题很有深度，公布答案时，大家会不由得感叹并为之触动。其实，生活中的这种被触动的瞬间非常重要，感情波动会刺激大脑、提高记忆力，促使大脑想要记住它。

例如，非洲有很多水资源匮乏的国家和地区，很多孩子要花半天时间打水运水，无法上学。但实际上，只要改变一下盛水的容器，就能大大节省运输时间。那么具体是如何改变容器的呢？

答案是做成可以滚动的容器，即制作圆柱体（圆筒形）容器，用滚动的方法运送。如此一来，孩子和女性也能一次运输很多水。

这个故事是一个有关设计创新的著名案例，如果你之前没有听过，那么当你听到答案那一刻，你一定会为之触动。

⊙ 通过提问有所发现

像这样，选择一些戏剧性的题材，将能够激发逆向思维或者改变现状的事件作为问题。提出这样的问题，并不是为了比谁知道得多，而是不要为了既定的答案去寻找答案。

如此一来，我们就会逐渐意识到世上存在着各种各样我们想象不到的事，因此有意识地不断拓宽自己的视野和格局。故事性的问题总能给人带来内心的触动，让人有新的发现。

所以，平时多留意生活中一些有意义的素材，做好笔记，作为问题的题目积累起来，这些笔记就会成为你的知识存档，也许还会在不经意间帮助你思考。

思维习惯

034

开发

保持思考，激活基因

⊙ 人类的大部分基因都处于休眠状态

其实，很多人都不知道，我们人类的大部分基因几乎都处于休眠状态。

我曾听《激活基因的生活方式》的作者村上和雄教授讲过有关人类基因的理论。他是一名分子生物学家，现任筑波大学名誉教授。在与他的谈话中，我得知人类基因有活跃与休眠两种状态，但实际上几乎所有的基因都处于休眠状态。因此，如果可以激活好的基因，抑制坏的基因，人类的发展会有更多的可能性。

1996 年 7 月，克隆羊多莉诞生。它的诞生便是利用了使细胞处于休眠状态的标准技术，以及重新激活休眠状态细胞的电脉冲技术。

即使不是严格意义上的遗传基因，我们也不能让自己的大部分基因处于休眠状态，必须时常保持思考的状态，多与头脑灵活的人交流，激活基因、开发智力。

⊙ 听音乐会，逛美术馆，开发大脑

说起听歌，平时一个人在房间里安安静静地听着喜欢的歌手的歌，确实不错。不过，我还是建议你偶尔买张演唱会门票去现场感受一下音乐。因为现场音乐给身心带来的那种震撼，最能激活基因，让人心潮澎湃。现场演讲也是这个道理。

如果喜欢安静的环境，也可以选择逛寺庙、看画展等方式。曾经有个学生对抽象画毫无兴趣，但自从和朋友去看了一场抽象画画展，他便深深被它吸引。可以说这场画展激活了他的某种基因。实际上，基因被激活时会让人有种莫名的舒适感，而这种舒适感，任何感受都无法替代。

思维习惯
035
精　准

交换意见，相互提高

⊙ 既具体又要抓住重点

　　建议并不是居高临下、自以为是地训斥别人。比如对于打网球的朋友，你要精准地指出他哪里做得好、哪里做得不好，并且简单易懂地告诉他如何反手击球。聪明人通常都很擅长指导别人。

　　提出建议的同时也会随之产生责任感，拉近彼此关系，促使双方更加认真地探讨。至于人数，可以是两个人，也可以是三到四个人。关键是几个人围绕一个话题，互相交换意见，而且每个人提出的意见和建议都既要具体又要抓住重点。

　　例如，一个人在跆拳道比赛中总是无法很好地后旋踢，这时的建议若只是一句"再加把劲儿",则毫无意义。而如果能够给出具体的建议,就会帮助他快速进步,比如:"要想做好后旋踢,首先要保持身体健硕,加强平衡性,还要注意不要一味地转动身体,而是要有意识地先转动头部,之后再下半身发力。"如上所述,重要的是既要具体,又要抓住核心问题。另外,提出建议要循序渐进,一次提出三四个建议,只会造成混乱。最好是等他接受第一个建议后,再提出第二个。

⊙ 注意到不足之处

只有注意到对方的不足之处,才能给出精准的建议。

当听到别人给自己建议后,最重要的是付诸实践。特别是经验丰富的人给予的建议,即便觉得不可信也要试着去做。实际上,很多人对别人的建议不以为然,更不去实践,这实在是很可惜。当别人给予我们某种建议时,不妨一试,如果没用,放弃即可。但如果有效,一个小小的建议甚至会改变我们的整个人生。

思维习惯
036
压缩

着重说明对方需要的信息

⊙ 省略不必要的信息，缩小选择范围

向对方讲述某件事时，不要按顺序把所有的细节都讲一遍，重要的是选择这个人需要的信息，在特定范围内着重说明。

例如，会上提前告诉所有人："资料中列举了从 A 到 J 等 10 个内容，但实际上只能从 A、D 和 F 这三个里面选择。"如此，对信息进行必要的压缩处理，大家就知道只看 A、D、F 三个部分即可。反之，如果在大家读完全文之后再说"话说回来，其实只有三种选择……"之类的话，必然会惹人不悦，让人抱怨甚至责备你为何不早说。

在这一点上，我认识一位非常优秀的人。他在发给我的邮件中，总是能把我要的信息按照时间顺序排序，在汇报整体情况的基础上，对重要信息进行着重说明。比如："因此应对方法可以归纳为三种：A 是……B 是……C 是……"

所以我非常喜欢他处理信息的方式。更为难得的是，他还会针对三种方法进行具体分析和预测，比如："A 的好处……伴随的风险是……而 B……"他关于这三种方法优缺点的总结，对于我理解这封邮件的信息来说尤为重要。

基于这些分析，他还会给出具体建议："我推荐 B 方案，关于 B，你可以参考……"如此细致有层次的整理和讲解，大大减少了我的工作量，不仅令我信服，还帮助我快速做出决断："那就用 B 方案。"

⊙ 适当地对信息进行加工

具体来说，比如某个原先既冗长又晦涩的信息经过一系列加工后，去除了多余部分，被最大程度地压缩、分解成三部分。如此一来，接收信息的人便能一目了然，迅速做出决定。

如果一个人能够筛选出必要信息和非必要信息，并巧妙地总结出他人所需的基本信息，他必然是聪明人。

先阐述整体，告知问题

⊙ 给迷路的人看整个地图

当一个人因为眼前的问题急躁不安时，先告诉他整体情况，并且指出问题出在哪里，会对他更有帮助。

对于一个首次来东京，在浅草街上迷路的人，即使你以眼前的荞麦面店为起点跟他讲具体路线图，他也听不懂。

而这时，如果你打开地图给他看整个台东区，告诉他浅草寺在何处、他在何处、要回去的酒店在何处，再告诉他先到这个车站，然后……即使他对东京一无所知，也应该能理解。

再比如，让无人机先从上空拍摄整个街道的全景，然后逐渐下降，靠近某一住处，从窗户进入房间，拍摄到某人正在打哈欠的场景。如此一来，我们就能很快知道这个人具体在哪里。

阐述时可以像前面提到的那样，去掉多余的部分，着重说明重点，也可以这样从高处俯瞰整体，让对方先了解整体情况。

⊙ 导入很重要

上述便是先阐述整体，再阐述核心的方法。反之，如果让无人机从窗户飞向上空，再逐渐捕捉街道整体，我们就无从知晓那个人的具体位置。这是一种从微观到宏观的感知方法。

文章亦是同理。比如，夏目漱石的《少爷》开篇便写了少爷的故事："他因生性莽撞吃尽了亏。"

整个故事从主人公内心深处的喃喃自语展开，即从超微观视角展开叙述。如果按照时间顺序平平淡淡地展开叙述，世上就少了一部优秀作品。可以看出，无论采用何种方法，导入都尤为重要。

思维习惯

038

附加值

多解释一句，加深对方理解

⊙ 人们都喜欢"实惠感"和"特别感"

与人交谈，有时多解释一句就能马上让对方更加理解和关心。这是为了给原本便已和谐的对话增加附加价值，而这附加价值有时会助你一臂之力，在最后时刻再次推动他人。

电视购物节目中，主持人往往在介绍完商品后，马上进入收尾工作时，最后加上一句"其实今天是……""其实这个锅也是……"之类的补充。

实际上，听众都心知肚明，知道他们最后一定会说一句这样的话。这种习惯之所以延续至今，正是因为它确实有效，因为人们往往想获得更多的"实惠感"和"特别感"。

在会议上做演讲时，思考附加价值也很重要。演讲的第一要义是展示自己的特色所在。如果能够列举出多项有别于其他公司的独特优势，让对方看到你的独特与创新，就已经成功了一半。

为此，你需要从平时便开始深入挖掘公司业务的独特性，找出各种优势好处等。这也是一种理解核心的思维能力。

此外，即使在预算上无法增加附加价值，也要认真思考能否增加一些其他的附加价值，因为任何附加价值，都会影响别人对此工作的评价。

⊙ 用最后一句话打动人心

比如，你受邀参加了一场婚宴。宴会临近结束时，主持人用一贯的收尾词宣布婚宴结束后，说了一句："另外，今天可能会下大雨，我们为各位来宾准备好了雨伞，如有需要请告知我。"

正是这一句意料之外却温暖人心的话，让很多忘记带伞的来宾一下子为之感动。可以说，赋予这样的附加价值，会大大改变别人对我们的印象。

思维习惯

039

记忆

给出记忆点，便于回忆

⊙　便于内部整理的记忆点

听到整理术，我们第一时间都会想到收纳、断舍离等"外在的整理"。然而，如何在大脑中进行"内在的整理"也很重要。

我们每个人的记忆，并不都是自己感兴趣的东西，也并不都是有用的东西，而是机械地在大脑中积累起来的东西。可如果全是些毫无关联的零散知识，便无法很好地将其输出。

因此，我建议大家在学习和储存知识时，有意识地给它们加上一些记忆点。

⊙ 最少两个记忆点

例如，《老师没教的事》有一期的主题是"尿频"和"残尿感"等，在那一期节目上，我知道了无关体格大小，所有动物的排尿时间都是 20 秒左右。

我在记忆这个故事时，有意识地设置了两个记忆点，一是"人类随着年龄的增长排尿时间会变长"，二是"所有动物的排尿时间都是 20 秒"。

记住这些后，碰到某些场合需要一些有趣的话题时，我就会马上围绕这两点说给别人听："所有动物的排尿时间都大致相同，无论是膀胱远远大于人类的大象，还是膀胱远远小于人类的小天竺鼠，而就人类而言，排尿的时间还会随着年龄的增长而延长。"

设置两个记忆点非常重要。一个是实用的、能讲给别人听的信息，另一个是有趣的信息。输出知识的基本方法是讲给别人听。因此，从储存信息时便有意识地想到输出时的语境，会帮助我们更好地输出。

思维习惯

040

理 解

通过举例，变抽象为具体

⊙　如果不理解，对话也会变得抽象

在日常会话中，如果对方想要听个具体例子加深理解，聪明人便能马上举例说明。可以说，将某一现象用比喻或者举例的方式通俗易懂地解释十分重要。

假设一个人说："日本在这方面非常落后，但是国外已经……"那么你不妨问问他具体是哪里，如果他说不出具体的国名或者地域，就说明他对这个问题的了解并不太深刻。

我曾听说某公司招聘广告文案撰稿人时，让应聘者列举出自己喜欢和讨厌的 10~20 个文案。因为这份工作需要创造性，所以要重点考察应聘者平时的文化积累和艺术素养。

应聘者来应聘撰稿人的工作，肯定都会说自己喜欢撰写文案。所以让他们通过举例的方式，说出自己具体喜欢和讨厌什么样的文案，捕捉他们内心评判文案好坏的标准，便可以了解他们的业务水平。

另外，从要求列举的数量上看，这也是个好问题。列举一两个文案毫无意义。只有经验丰富、经常接触文案工作的人才能轻而易举地列举 10~20 个文案。反之，如果数量上无法回应，便说明此人经验尚浅，还不能成为一名合格的广告文案撰稿人。

⊙ 用"前三"方法磨炼列举能力

这种方法可以应用于大多数企业和团体。让对方列举几本印象深刻的书，观察其回答，便可以大致了解他的读书阅历。

完全不读书的人恐怕连一本书的书名都说不出来。而只能说出一些非主流文化类书名的人，基本上也只是做娱乐性阅读。

关于如何用最快的办法了解一个人，我推荐"前三"方法。比如，让经常看短视频的人说出最喜欢的三个视频。如果一个人能马上说出三个很有内涵、很有意义的视频，就说明他在平时很擅长总结和思考。如果一个人一个都说不出来，就说明他平时根本没有注意整理信息。这些人通常总说些空话白话，不做具体的说明。

而聪明人的想法总是很具体，开会时也能提出具体的方案，并且很擅长通过举例的方式推动会议的顺利进行。

第 3 章

041~062

深度阅读的思维习惯

思维习惯

041

想象力

读书是获取知识的最好方式

⊙ **喜欢读禅书的乔布斯**

读书是获取知识最重要且最有效的方法。以汤川秀树为首的许多科学家从小就开始阅读推理小说、古典作品等非科学类的书籍，从而极大地丰富了自己的想象力。其实，科学非常需要想象力，科学家做的每个研究都需要发挥想象，而读书便很好地培养了这种能力。此外，商界奇才史蒂夫·乔布斯与禅僧铃木俊隆的故事也是众所周知的。乔布斯曾如饥似渴地阅读铃木俊隆的著作，铃木带给乔布斯的有关禅的思想，就反映在苹果手机的设计上。可以说禅的理念对苹果产品的设计影响深远。所以，无论从事什么行业，读书都大有益处。

当然，随着时代的发展，现在的社会产生了很多电子产品与网络产品，比如一些短视频平台。当然，与静态的书籍相比，这些平台的内容以视频和音乐等动态形式简单快捷地让我们获取大量信息，这一点非常便捷，我也会经常使用。然而，如果长时间观看这些具有动态画面感的视频，就会抑制我们的思维发展，毕竟视频无法像读书那样促使我们能动地去发挥想象力。

⊙　读书可以锻炼大脑各个区域

另外，读书可以锻炼整个大脑。人类大脑按功能可以分为思维区、记忆区、表达区等多个区域。不同的书籍和不同的读书方法，都能对大脑的不同区域产生不同的影响。

例如，为了了解作者的意图和心情而读书，就会激活理解区，引发思考；有带入感地读小说，就会激活情感区，据说还可以预防痴呆；出声朗读可以刺激运动区；而重复阅读，反复回忆书的内容，又可以锻炼长期记忆。

读书不仅能帮助我们获取智慧与知识，还能拓宽我们在时间和空间上的视野，丰富我们的心灵。丰富的心灵和知识，就是教养。但愿我们都能够通过读书，成为真正有教养的人。

思维习惯

042

框 架

活用目录，选一本好书

⊙ 好书的目录也很有趣

聪明人无论是与朋友聊天时，还是在职场开会时，都能迅速理清整体结构，并且抓住重点。

在书店选书亦是如此，他们知道如何在短时间内了解书的内容，把握整体结构。那便是活用目录法。

目录就是将书中的具体内容概括成标题，并按章节分开排列。所以只看目录就能知道一本书的内容与逻辑顺序。只看目录便能让人一目了然地了解全书的书，才是最好的书。

　　尼科洛·马基雅维利[①]的《君主论》的目录堪称完美，读者只看目录便能感受到内容的趣味。尤瓦尔·诺亚·赫拉利[②]的《人类简史》和《未来简史》等书亦是如此，夸张一点说，只读一读目录就感觉自己已经变聪明了。

⊙　先浏览目录，决定阅读顺序

　　我们还可以通过目录决定阅读顺序。浏览目录后可以先选择阅读自己最喜欢的章节。小说暂且不谈，商务类和实用类的书籍完全可以不按顺序阅读。浏览目录时看到自己不感兴趣的标题，也可以果断决定不看那一部分。只要是独立有秩序的书籍，都可以使用"活用目录法"。

　　一本书最先映入眼帘的便是高度概括内容的大题目，其次是作为补充的标语、宣传语等。接着是前言，即作者想表达的内容的总结，然后便是目录。

　　读完目录便能大致了解整本书的结构。因此，在挑选书

---

　　① 尼科洛·马基雅维利（Niccolò Machiavelli，1469—1527），意大利政治思想家和历史学家，意大利文艺复兴时期的重要人物，被称为近代政治学之父。
　　② 尤瓦尔·诺亚·赫拉利（Yuval Noah Harari，1976—　　），牛津大学历史学博士，以色列历史学家。

时，用 30 分钟的时间详细浏览五六本书，并且从中选择一本最想买来阅读的，想必也不是很难。

思维习惯

043

世界观

享受难懂的乐趣

⊙　即使不明白也不必恐慌

　　遇到内容复杂、深奥难懂的书，人们就会产生抗拒心理，不想看这本书。其实，不明白有以下几种情况：①单纯是因为知识太浅薄；②因为内容深奥或表达抽象，无法把握世界观；③因为作者的水平问题，文章质量不好。

　　第一种情况，我们可以通过阅读专业书籍丰富基础知识来应对。第三种情况，一旦发现书籍内容质量差，就要果断放弃阅读。关键是第二种情况，我想告诉大家的是，当你越感到阅读困难时，就越要享受这种不明白，即享受这种极限思考带来的乐趣是极为重要的。

⊙ 全身心沉醉于作者的文字中

宫泽贤治的作品虽然不像现代商业书籍那样简单易懂，但那种神秘感恰恰是其文学作品的最大魅力。比如，童话作品《山梨》中的故事耐人寻味，宫泽贤治自造的"KURAMUBON"一词反复出现却并不明其所指，《古斯柯布多力传记》以一个虚幻的国家为舞台展开，让读者浮想联翩，犹如置身于梦境中一般。

加西亚·马尔克斯的《百年孤独》也以海市蜃楼的村庄为舞台，描述了一个缥缈虚幻的世界，让人读后只觉得身心处于一片迷雾之中。尽管我们不明白为什么，也不自知那种感受，但总是莫名地感觉舒适。他们的作品便是那种能够让读者全身心置于书中世界的好作品。像贤治和马尔克斯的这种难懂的作品，往往令人印象深刻，感慨万千。因此，我们要知道，对于复杂难懂的书，只需尽情享受即可。

另外，书中的世界观并非总是和自己的世界观一致，这一点没必要勉强附和。对于复杂难懂的部分，不要勉强自己必须读懂，接受不懂也是一种读书方法。

思维习惯
044

线索

将书的内容与自己的故事串联

⊙ 养成留意线索的阅读习惯

有些人喜欢读书，却不擅长讲述书的内容。为此，我建议在讲述书的内容时，穿插自己的故事。换言之，一边引用文章，一边讲述自己的真实体验。

我让学生任选《论语》中的一句话对其进行解释时，总有人做不好。但让他们加上自己的故事讲述时就能做好。例如："'知之为知之，不知为不知，是知也'的意思是知道就是知道，不知道就是不知道，这才是真正的智慧。其实有段时间，我总是不懂装懂……"

其实，你之所以选择某个词或者某句话进行阐述，很可能是因为它可以让你的内心有所触动。所以，平时便要养成一边回忆某个线索一边阅读的习惯。

回忆生活中相关的线索，其实是在挖掘自己的过去。以输出为目的，可以帮助我们巩固记忆。能用自己的话解释别人的话，也可以说是形成了自己的理解。

⊙ 让你感同身受的书能极大地触动心灵

面试被问到关于座右铭的问题时，不要只说座右铭本身，还要结合自己的经验阐述为何选这句话作为自己的座右铭，让面试官知道你有自己的理解。

另外，据说读到让自己感同身受的书时，人类大脑中的感情区域就会受到很大刺激。比如读《论语》时，如果对某句话产生共鸣，就能很容易读进去。换句话说，阅读让自己感同身受的书，能极大地触动心灵，让自己全身心地投入到书中。

思维习惯

045

代入

如果是我的话……

⊙　能否说出比角色更酷的台词

当登场人物说出一句让你印象深刻的话时，一边认真思考"如果是我，我会说什么"一边阅读也是一种快乐。

菲利普·马洛[①]是小说人物，是一名私家侦探，有女性问他为何可以那般坚强，又那般温柔，他回答："不坚强就无法生存，不温柔就没有生存的资格。"

试问，有人能说出更好的台词吗？不妨用手遮住马洛的

[①]　菲利普·马洛是出现在雷蒙德·钱德勒所有的七部长篇小说以及一些短篇小说中的人物。当上私家侦探之前，他曾是洛杉矶地检处卫尔德检察官下面的一名调查员，后来因不服从命令而被解雇。

这句台词，带入角色思考如果是自己的话，会说什么。毋庸置疑，我们很难说出比这更好的名言。由此可见作品的精彩之处，也可见作者卓越的语言能力。

⊙ 通过精彩的台词了解作家

不只小说，漫画亦是如此。众所周知，以篮球为题材的漫画《灌篮高手》中有很多出自安西教练的名言。你可以设想一下，如果你是安西教练，当你身处漫画里的那些场景中时，你会说些什么。

比如，你是否会说出"现在放弃就相当于比赛提前结束""球队不是为你而存在，是球队需要你，你才在这里"之类的话；是否会对比赛前的樱木花道说"哎呀，原来你有很厉害的绝技呀"来缓解他的紧张，帮助他完成绝妙的传球。

好作品中的人物台词都很干净利索。遇到那些能够触动人心的句子，不要让它像流水般滑过，把它摘抄下来，细细品味，通过不断的积累，逐渐提升自己的文学素养。

也不妨试试我们之前讲的出声朗读法，有意识地读出台词，加深理解。登场人物的台词中凝结了故事的精华，值得我们从各个角度品味与斟酌。

思维习惯

046

自信

同一类书，先读水平较高的一本

⊙　简单明了的书不宜锻炼思维能力

很多人喜欢先挑简单易懂的书读。例如，工作之余想要重新学习些经济和金融领域的知识时，不少人会习惯性地选择些"一看就懂！经济学入门 / 金融学入门"等书名或标题的书，因为这些书名听上去读起来毫不费力，学习就不会有抵触心理。我并不是全盘否定这种做法，但还是希望大家可以尝试从高水平的书开始阅读。

读书与看短视频不同，短视频平台通常会推送所谓的热门视频，因此我们获取知识的过程是被动的，而读书是主动获取知识，需要专注力。专注力是指在保持注意力集中的同时进行不断的思考，这会让我们在阅读的过程中感到有些吃力。确实，通俗易懂的书难度较低，读起来很轻松，这一点我能理解。但是，如果一味阅读简单肤浅的书，很可能会导致我们的专注力和思维能力下降。

就像美食要追求口感一样，如果一味追求嫩滑软烂，毫无嚼劲，便无法品尝到食物原本的美味。

我们不妨逼自己读些水平高、难度大的书。遇到不懂的地方，可以想办法查阅资料或者向他人请教，也可以用我前面介绍的"三色法"和"符号思维法"等，竭尽全力读懂它。虽然很累，但你读完后会发现，不仅自己的专注力得到了很大的提升，而且还变得更加自信了。

⊙ 接触有内涵的事物，增长知识

与这些高水平的"强敌"为伍，结束后你会感到酣畅淋漓、无比充实，这种感受是那些浅显易懂的书无法给你的，它会在你的心中留下深深的烙印，成为你弥足珍贵的一部分，并且无可替代。

当你再去读一本面向初学者的书时，你就会发现理解起来毫不费力，而且很快就可以读完，这个过程可以起到一定的复习效果，进而帮助我们巩固以往的知识。此外，欣赏艺术和读书的道理也是一样的，不要只迷恋现在流行的非主流文化，多接触些古典文化和主流文化等。总之，如果我们想要真正地提升自己，就要不断地接触和学习真正有内涵的东西。

思维习惯
047
创意

制作图书宣传卡

⊙ 学校也在使用制作宣传卡的方法

喜欢读书的人并不一定擅长写读后感。回想起来，上学时老师经常布置写读后感的作业，很多学生都为之苦恼。其实不仅是在学校，工作后也会遇到这种情况。为此，我推荐一个方法，那便是模仿书店里常见的宣传卡，制作一本书的宣传卡。有一位非常擅长制作书籍宣传卡的书店员，曾经因为写过很棒的宣传卡而让书籍大卖。

最近，日本中小学将这种方法引入了课堂教学，老师引导孩子们制作自己的图书宣传卡，还联合其他各学校举办了"全国宣传卡大赛"。

通过官方网站，我们可以看到所有的获奖作品，作品中有很多独特的宣传语和插图，所有作品都独一无二，充满着惊喜。

我们也不妨向孩子们学习，把书的内容总结在宣传卡上。也许你以为比读后感简单，但其实用简短的话将整本书的内容总结到一张卡片上，远比想象的难。

⊙ 概括、组织、说明

如何吸引别人读一本书？可以尝试站在书店的角度出发，思考怎样才能吸引顾客买书。

仅一句"这本书很好"不足以打动人心。倘若你认真深入地思考如何将这本书的独特魅力传达给读者，就会知道这本书的目标人群是哪类人，读者阅读后会发生什么变化，于读者有什么好处，等等。

然后再将自己想到的所有文案和词语全部写下来。一做便知，任何词都会衍生出新词，所以想着想着就会写出很多词，之后再总结、压缩即可。

思维习惯

048

感 性

尽量带着感情读书

⊙ 输入与心理活动有关

信息输入和感情是有关系的,感情越活跃,记忆越深刻。我们在第一章中介绍了感情输入法,比如看新闻时带入自己的感情,情不自禁地喊出"好棒""真糟糕"等心情。读书亦是同理,带着感情读书,能帮助我们更好地输入知识。即使是小说,也能更深地感受小说世界,领略书中的世界观。

发酵学家兼农学博士小泉武夫出版了很多关于发酵的著作,我曾一度沉迷于他的文字之中。那时,我边阅读边在心里感叹:"微生物分解好厉害好神奇啊!发酵真是太奇妙了！"

阅读有关动物行为学的书籍时，我会感叹"听说南极的帝企鹅为了繁殖后代要迁移 200 公里，而且是零下 40 摄氏度，太冷了！"等等。

我曾与获得芥川奖的又吉直树先生谈话，他的获奖小说《火花》是从夏日祭典中响起的和太鼓声展开的。我们阅读时不妨带入感情，想象着"哇……太鼓的声音仿佛在撼动着大地……"。

⊙　代入感情 阅读小说

实际上，比起实用类书籍，小说更容易承载和代入感情。比如，一本专门介绍各种财务表格绘制方法的实用图书，我们很难代入感情地感叹："原来如此！利润表上写着 5 种利益。"但换作谷崎润一郎的小说《春琴抄》①，我们便很容易代入佐助的身份，并为之感动得痛哭流涕。

如果读书只是将书中的内容作为信息一览而过，那么任

---

①　《春琴抄》是谷崎润一郎的代表作之一，讲述了仆人出身的佐助尽管身心都受尽孤傲乖僻的盲女琴师春琴的折磨，却依然对她忠贞不贰的故事。

何书都无法锻炼思维。作者知道读书不仅需要读者动脑，还需要读者打开心扉，所以他们也很擅长调动读者的感情。

即使是平时沉稳冷静，很少欢欣雀跃的人，阅读小说时也可以试着代入登场人物的感情，增强好奇心。

思维习惯

049

质　疑

一边吐槽一边阅读

⊙ 对哲学家和文豪也毫不客气地吐槽

还有一种很有效的阅读方法，大家一定会很吃惊。那便是像搞笑艺人说漫才①一样，一边吐槽一边阅读。

读书本身便是一种单调的行为，容易让人感觉枯燥。一边大声吐槽一边阅读，便是一种摆脱枯燥、增添乐趣的读书方法。这种方法很简单，只需一边读，一边怀疑文章，抱怨"不可能"即可。

---

①　漫才：日本的一种喜剧表演形式。大多由两人组合演出，一人担任比较滑稽的角色负责装傻，另一人担任比较严肃的角色负责找碴，两人借由彼此的互动讲述笑话。

比如，尼采死后发表了自传《瞧！这个人》，书名中的"这个人"就是指尼采自己。有人评价这时的尼采创作水平已经到达了最高点，也有人认为他过度自夸、过于武断，甚至发出"这个人为什么要这么做啊！""真是个奇怪的人呢"的感叹等等。

⊙ 不一味贴合伟人的价值观

尼采留下了许多很有哲理的经典语录，毋庸置疑，这本自传也是一本好书。甚至我也写过一本名为《尼采的座右铭——提升突破力》的书。

虽然很多伟人都是天才级别，但从现在的价值观来看，他们的很多想法可能会有些极端。

所以我们无须勉强附和，一味贴合伟人的价值观，可以一边怀疑甚至质疑他们的想法，一边确认自己的观点和立场。

思维习惯
050
预测

一边猜测一边阅读

⊙ 超乎预想的故事情节

有一种阅读方法，可以让我们摆脱以往一成不变的阅读模式，帮助我们提升思维运转能力，那便是一边阅读一边预测或推理后续情节发展的方法。

比如，推理小说中出现可疑人物时，人们往往就会猜想接下来会有危险发生。其实，除了推理小说，纯文学和历史小说等任何类型的书都可以一边预测后续一边阅读。

例如村上春树的小说总是跌宕起伏，不断给人惊喜。所以一边预测一边阅读，就会让人感觉格外充实。

另外，那些名著之所以被称为名著，是因为它们的情节发展往往超出我们的预想。文豪芥川龙之介的《竹林中》便是典型。书中故事以案件的证人樵夫、大盗、被大盗袭击的武士及其妻子在公堂上的供词为背景展开，视角独特、形式新颖，一次次颠覆读者的想象，使整个案件形成一个叙事的迷宫。

黑泽明导演以此为题材拍成电影《罗生门》，也在威尼斯国际电影节上获得金狮奖，引起了强烈反响。通过这部电影，这个故事也跨越了国界，很多人被其深深吸引，为书中独特的世界观而着迷。

⊙ 预测失败也没关系

反复阅读同一作家的作品，就能逐渐读懂文章的脉络，提高预测的准确率。即便如此，也并非总能预测成功。沉浸书中，充分享受故事情节带来的惊喜，可以帮助我们加深思考。

也就是说，预测成功固然欣喜，预测失败也同样可以享受反转带来的惊喜。如此一来，你就会越发地体会到阅读的乐趣，比漫无目的地阅读多收获几十倍的喜悦。

思维习惯
051
引导

细分标题，帮助理解

⊙ 好的标题能够深深吸引读者

书的标题多出自编辑之手，优秀的编辑总能写出精彩的标题。

看到精彩的标题，我们往往会不由自主地赞叹。我平时读书便有一个习惯，就是一边读书一边留意好标题，以便更好地了解作者和编辑的观点。

好标题总能很好地概括章节大意，读者看一眼便能了解大致内容。可以说，好标题总能一下抓住人眼球，吸引读者阅读这个章节。

实际上，标题的这种使用方式自古以来就存在。

近代小说之祖塞万提斯的著作《堂吉诃德》中的章节标题便有这样的作用。读者一看标题就会被吸引，并且知道故事讲述的是怎样一场情节跌宕起伏的冒险。这便是好标题的魅力。

会议中经常会有一位引导者推动会议议程。大标题和小标题也同样起着推动故事发展的作用，从这一点来看，标题也可以被称为书的"引导者"。

⊙ 边起标题边阅读

读书时不仅可以有意识地注意各个大小标题，还可以自己另起标题。

例如，我在阅读梅洛 – 庞蒂①的《知觉现象学》时，一边对照其法语原著，一边添加了新的小标题。如此一来，便逐渐理解了那些冗长而复杂的文章。

像这样一边标注新的标题一边阅读，可以帮助我们更好地理解书中内容，尤其是针对难度较大的书籍，效果更为显著。

---

① 莫里斯·梅洛 – 庞蒂 (Maurice Merleau-Ponty, 1908—1961)，法国著名哲学家，法国现象学运动的领导人物之一。著有《行为的结构》《知觉现象学》《意义与无意义》《眼和心》《看得见的和看不见的》等等。

思维习惯

052

潮 流

接触流行，获得新发现

⊙ 把握时机，紧跟潮流

畅销书籍要在其畅销之时去读，热门歌曲要在其热门之
时去听。

也许现在读托马斯·皮凯蒂◎的《21 世纪资本论》的人
不多了，但 2014 年其英语译本和日语译本发行之时，确实
轰动全球。当时，我也买了原著来读，着实被深深震撼。

我想，即使到现在，包括我在内所有读过此书的人都依
然清晰地记得书中的内容。书中在全球范围调查的基础上得

---

①　托马斯·皮凯蒂（Thomas Piketty, 1971—　 ）。法国著名
经济学家，主要研究财富与收入不平等。著有《二十一世纪资本论》。

出"比起工作，资本积累更能增加资产"的结论，在当时曾引起读者激烈的讨论。然而，一旦错过流行之时的最佳时机，就很难再去研读了。

流行歌曲亦是如此。比如米津玄师的 *Lemon*（柠檬），比起现在才听，一定是当时作为电视剧的主题曲听更好，因为结合电视剧一起感受那个时代，更能体会歌曲想要表达的深刻内涵。

⊙ 之所以流行，一定有其理由

也有人认为流行的东西太过肤浅，更喜欢经典的作品。确实，经典作品、传统作品中有很多精髓值得我们欣赏和学习。

但是这并不影响我们追求流行。正如前面讲述的那样，我们应该认真地去感受每个时代的事物，这会让我们得到很多新的体会和想法。

某种事物之所以流行，一定有其理由。只要相信这一点，试着去接触它，就一定会有新的发现。所以我们要把握时机，抓住流行之时，亲近流行之物。

而且，了解流行后还可以就这个话题与朋友聊天探讨，

帮助我们加深思考，接触到新的想法，这也是紧跟潮流的一
大好处。

思维习惯

053

满足感

挑选精髓，高效阅读

⊙ 如果内容复杂，就只读最重要的部分

如果书的内容过于复杂，就没必要勉强自己阅读全部内容，只读自己认为最重要的部分即可。我称这种方法为"精华阅读法"。

例如，品尝高级牛肉时很难尝遍所有的部位，但只要品尝其最高级的部位——里脊，也就等于品尝了高级牛肉。

同样，内容复杂、难度较大的书，只要读最重要的部分即可。虽然不能说读了整本书，但至少可以抓住核心，了解作者最想传达的内容。如果是小说，就能深入故事的核心，获得满足感。

　　具体来说，就是找出一本书中最重要的部分，标出来。如果有一本关于此书的概述书，你就能够通过它来更快地找出重要部分，因为概述书中通常会有很多关于原著的引用。

　　因此，可以先读一下概述书，再追溯到原著，在原著中标出与概述书相同的部分。如此一来，你就会很高效地读完一本复杂的书。

⊙　外语书也要用"精华阅读法"

　　用"精华阅读法"读一些德语、法语等外语书会更有成就感。为了减轻难度，可以先在译本中标出精华，再用同样的笔在原文标出。如此，便能获得阅读原著的满足感。

　　我在读研时用过这种方法。例如，海德格尔的《存在与时间》非常难懂，德语原著读起来更是吃力，我尝试先标出精华部分，选择性阅读，效果很好。大家也可以尝试用此方法阅读一些有难度的书，提高自己的阅读水平。

思维习惯

054

体 验

不感兴趣的书，也不妨买来看看

⊙ 接触不同领域，拓宽知识框架

我们选书时通常会选择自己喜欢的作者或喜欢的类别。其实，我们偶尔也可以打破自己设置的框架，去接触从未接触过的书，拓宽世界观。

比如，去自己常去的书店时不要总去某个固定的书区，偶尔也去其他书区走走，看看那里推荐的书籍。当你有意识地开始做这件事之后，你就会逐渐发掘出许多被自己遗漏的佳作。无论你是否感兴趣，试着读一些其他类型的书，或许会有新的收获。

如果你不想耗费太多时间在读其他类型的书上，也可以不用精读，只需在咖啡厅用三色圆珠笔画出关键词，半个小时便可以通读全书。

⊙　即使有偏差，也没关系

另外，难免有一些因为某种原因而匆忙购买的书，倘若书的内容与你设想的情况有所偏差，也不一定是件坏事。接触自己从未接触过的知识，也是一种难得的体验，它会印在你的脑海中，充实你的心灵。也许它会与你多年后的某种想法不谋而合，碰撞出新的火花。所以，即使书的内容略有偏差也没关系，不如把它当作一场美好的意外，尽情享受这段与众不同的读书时光。

思维习惯

055

咨 询

接受他人的推荐

⊙ 先读别人推荐的书

阅读别人推荐的书，能够帮助我们获得新发现，增长新知识。

我经常阅读 *SPA* 这本杂志，尤其喜欢杂志最后一页佐藤优先生负责的"人生咨询角"。

佐藤先生非常用心地对待收到的每个咨询，而且他会认真地回复每位读者。除此之外，他还会赠予读者额外的福利——向读者推荐对他们有帮助书籍。

作为一个作者，能够给自己的读者推荐别人的书，这是何等的格局与气魄。当然，咨询角的回复依然是以佐藤先生自己的观点居多。只不过他经常在自己的想法的基础上结合其他书籍给予建议，很多时候，他在回复时彰显出的优秀语言组织能力和丰富的阅读量，让人不禁赞叹不已。

⊙　向你信赖的人咨询

当然，并非只能向佐藤先生那样有倾听能力、洞察能力的人咨询。只要这个人是受你信赖的、让你有安全感的，例如家人、朋友甚至你的同事等等。简言之，便是你愿意听其言的人，都可以作为你倾诉的对象。

即使不是身边认识的熟人也无妨，一些成功人士也可以给出可取的建议，比如有名的经营者、运动员等。即便当时并未受到启发，也可以认真思考他为何给出那样的建议，这个思考过程的本身便是一种进步。

思维习惯

056

知识

阅读图鉴书和辅助读本

⊙ 学习新知识，优先选择视觉阅读

正如前面所述，聪明人擅长迅速理清整体结构，并且抓住重点，这种能力非常重要。尤其是在阅读全新领域的书籍或者学习新的知识时，更要先有意识地了解整体的情况。

为了更好地了解整体，我推荐大家优先阅读图鉴书。一开始读时，不要急于完全理解书的内容，可以先快速地通览一遍全书。图鉴书以视觉图片为主，所以即使匆匆浏览也很容易在脑海中留下印象。

在学习新知识时，一味地阅读长篇文字性文章很容易让人产生疲劳。而以图片、照片、图画为主的图鉴书，可以让人轻松愉快地获取知识。这种简明易懂的书可以帮助我们更快、更好地了解一个新领域的全貌。

⊙　用辅助读本丰富知识

除了图鉴书，我们还可以读些诸如资料集之类的辅助读本。比如，学校用的语文手册、历史资料集等都记载了许多基础知识，是名副其实的学习宝典。而且资料集通常都有丰富且广泛的信息源，可以给我们拓展更多有价值的知识。

我之所以不推荐教科书，而是推荐辅助读本，是因为它们和图鉴书一样，更便于阅读。尤其是学校使用的资料集，都是由众多一流学者精益求精、精心制作而成，他们把庞大、复杂的知识凝练成薄薄一册的精华读本，不仅内容清楚明白，让人一目了然，而且正确率与可信度也都极高。

此外，因为日本学校都在使用，并且大量发行这类读本，其价格也远低于一般书籍。所以，通过阅读各个领域的辅助读本来拓展知识面，不管是在时间还是金钱上都是一个经济实惠的选择。

思维习惯

057

意识

以做简评为目的观看电影

⊙ 改变对电影的印象，不要小看感想的力量

现在的时代，看电影已经不再局限于电影院，人们可以随时随地观看电影，比如在家里或在上下班的地铁里等等。然而，这种触手可及的便利也让看电影这件事多了几分快捷性和随意性，有人会一边做家务一边看电影，也有人会因无所事事而随意观看。无论是哪种方式，请抱着做简评的意识，这会让你对一部电影大为改观。

抱着做简评的意识，为了写出好的感想，就会更认真地看电影。因为写感想需要认真理解故事情节，揣摩人物心情，所以一边思考一边观看比单纯观看更能深入

了解作品。

另外，做简评便意味着需要把自己喜欢的电影情节和印象深刻之处告诉他人。比如某个场景很搞笑、某人演技很好很感人等等，这会非常锻炼我们筛选并描述故事情节的能力。

如果想在杂志上刊登评论，还要考虑是否透露剧情，是否突显了电影的最大魅力等。抱着这样的意识和目标，才更能锻炼发表感想和挑选故事情节的能力。

⊙　体验剧场，更投入作品

虽说现在用智能手机也能随时随地看电影，但我还是希望大家不要忘记在电影院观看电影时的感觉。

电影院营造的昏暗环境让我们把视觉关注对象集中在大屏幕上。在这种氛围下，我们可以很快地进入故事情节中，并且与之产生共鸣。而环绕四周的音响效果以及还原度极高的色彩效果也让人仿佛置身现场，电影作品的魅力被充分展现在我们面前。

除此之外，也可以使用投屏的办法；将手机与电视相连，用大屏观看，并且拉上窗帘关掉灯，隔绝外界打扰，尽量模拟电影院的环境，也会让我们更加投入到对作品的观赏之中。

思维习惯

058

价值观

读出高潮部分，更好地体会作品

⊙ 高潮部分蕴含着作者的思想内核

每部名作的高潮部分都精彩至极，蕴含着作者的灵魂，是整部作品的精髓所在。

因为高潮部分往往蕴含着作者最想传达的重要信息，所以我们阅读时要格外注重这一部分的内容，仔细体会它背后的深意。

虽说读书一般都是默读，但读到高潮部分时，为了更好地理解作者的心情，切身体会作者的感受，我建议大家大声朗读。通过发出声音，我们会有一种仿佛化身为作者与书中人物对话的奇妙感觉。

　　同时，我们也会感到心情非常舒畅，不仅能更好地品读文章，也能更强烈地感受到阅读所带来的快感。

⊙　大声朗读，更好地体会作品带来的临场感

　　为了变聪明，除了提高个人修养外还要养成多体验、多经历的习惯。因为经历是建立自己价值观的宝贵材料。

　　其实，日常生活中能够获得新体验的机会并不多，所以读书时也要尽可能有意识地去"体验"作品。

　　尤其是作品的结尾部分，我建议大家挑选出最精彩的两页，大声朗读。

　　总之，我们要有意识地边读边选出书中最为精彩的内容。只看故事概要远远不够，试着大声读出饱含作者情感的高潮部分，更好地体会作品的魅力。

思维习惯

059

品 读

做一本"作者月记"

⊙ 通过读书改变生活方式

正如前文所述,阅读小说是提高自身修养的一个好习惯。为了更好地提高修养,我有一个读书方法推荐给大家,在一个月内只阅读某位固定作者的作品,做一本"作者月记"。

虽然思维习惯中有一种速读法可以帮助大脑更快运转,但是阅读诗集、小说、散文等文学作品时,走马观花似的阅读方法实在可惜。不如静下心来仔细品味一个人的文章,提高个人修养。

频率保持在一个月五本左右即可,这一个月内每天随身携带该作者的书,利用零碎时间慢慢阅读。坚持数日,你的

意识中就会产生"日常生活"和"读书生活"这两种生活轨
迹。前文中也提到过，如果日常工作等是流于表面的地表水，
读书便是藏于地表下的地下泉水，它会在不知不觉中滋养我
们培育灵魂的土壤。繁杂的日常之余，沉静心灵，享受别样
的读书时间，应是别有一番风味。

⊙　"作者月记"带来美好的邂逅

之所以把时间期限定为一个月，是因为花上一个月的时
间可以更好地让自己接近作者，深入了解作者的文章风格与
行文习惯等。

另外，花上整整一个月时间阅读一位作者的作品，就会
全面接触到这位作者的作品，甚至是一些不太有名的作品。如
此一来，除名作外，还可以在一些小众作品中邂逅更多触动心
灵、刻于心底的话。这些珍贵的邂逅也会丰富我们的个人修养。
因此，花一个月时间深入挖掘一位作者，是一个非常好的习惯。

也许有人会觉得自己时间有限，不能在一个月内读好几
本书，但其实日常生活中的零碎时间远比我们想象的多。不
要轻易断言自己做不到，与其百般推托，不如现在就着手制
作一本"作者月记"。

思维习惯

060

认知力

文科生也要多读理科书

⊙ 充满奥秘的自然科学

很多文科生表示对自然科学类的书籍不感兴趣，但实际上只是因为不了解这一领域而无法产生兴趣，因为这种原因而错失获取其他知识的机会，实在可惜。

文科生一旦接触到科学世界，其世界观便会大幅度提升。不妨尝试去读一读从未深入接触过的地质学、天文学、生物学等方面的书籍。此外，面向青少年的科学书籍多为图解，简单易懂，成人也可以在书中尽情探索宇宙的奥秘。

⊙　阅读科学家推荐的书

学校也认为理科类书籍最适合培养孩子们的探索心和创造力，教育部门也在全国范围内推广"理科阅读运动"。

泷川洋二的《阅读理科书，培养孩子们探索心的 12 个关键》中就介绍了理科阅读运动的实例，并且也附上了他本人推荐的相关书籍。

自然科学综合研究机构——理化学研究所自 2017 年以来，每年都会更新出版《科学道 100 册》来广泛传播科学的趣味性和思维方式，还在官网介绍了理学博士、分子生物学博士以及宇宙放射线专家们推荐的书。

他们所推荐的书目也不局限于理科，不仅有《哈利·波特》这类奇幻作品，还有柏拉图的《苏格拉底的申辩》、卡夫卡的《城堡》等哲学、文学类名著。据说人的理解力和认知力与知识量成正比，所以不要因为自己的文科身份而拘泥于某个领域，应当尝试阅读各种书籍来获取知识。阅读自己不曾接触过的自然科学类的书籍，你的认知能力就会有质的飞跃。

思维习惯

061

落 实

围绕每个主题，阅读相关的五本书

⊙ 每个主题读五本书

想要通过读书获取智慧，关键在于反复阅读。反复阅读同一本书固然可以，但容易产生厌倦情绪，所以我推荐围绕每个主题读五本书。

围绕一个主题读五本书后就能很大程度加深对该领域的认识与了解。也许读着读着你会感觉是在重复同样的事，但这正说明你已经积累了相关的知识。

如前所述，学习首先要了解该领域的整体情况，这一点尤为重要。认真阅读每一行，仔细理解每一句，看上去细致入微，但是很容易因为某句话而钻牛角尖，很多初学者会因此止步不前。初次接触一个全新领域时，只有轻松快乐的学习方法才能让人长期坚持，而长期坚持才能让我们阅读到更多其他类型的书籍。

⊙　反复阅读可以提高认知能力

我们无须详细记住一本书的所有内容，甚至可以忘记其中的 80%。所谓的修养和学习，并不是靠死记硬背，即使忘记了书中内容，也能切实从阅读中获取智慧和力量。

反复阅读特定领域的书籍，便能学到该领域的思维方式。比如，某本书作者的想法、某个领域的理论基础等等，这些都可以帮助我们找到新的视角去思考问题、解决问题，从而提高我们的认知能力。

读书是一种非常好的学习方法，通过阅读文章揣摩作者的构思，将其转化为自己的思考方式，培养扎实的思维能力。可以说，读书是快速成长的捷径，每个人都可以通过阅读遇见更好的自己。

思维习惯
062
复述

读完后讲给他人听

⊙ 读完后，确认自己是否真正理解

为了将读过的内容转化为自己的知识，读完后讲给他人听是一种非常有效的方法。因为只有将知识进行系统整理、整合并重构体系后才能完成精准的阐述。

阐述时无须按照书的目录顺序，如果能把不同章节的内容联系起来，将同类小故事整合起来进行阐述，就意味着这些知识已经成了自己的知识。

有时只有通过说才能意识到自己的不足之处，比如需要传达的内容有三点，倘若没有很好地理解第二点，便无法将第一点和第三点串联起来，致使整个故事模糊不清。

　　另外，数据和理论依据也很重要。比如不要只说"那个人赚了很多钱"，加上"年销售额达到 2 亿日元"这样的数据会更有说服力。

　　谈论儿童贫困问题时，不要只说很多孩子面临经济问题，而是具体地说出"儿童福利院孩子的大学升学率只有 12%"，对方便可以更加真实地了解到问题的严重性。

⊙　抱着讲给别人听的意识读书

　　不仅读书，读经济类报纸时亦是如此。比如就"日本银行的长期利率政策"的报道与朋友交谈，才发现两人理解不一致。仔细思考后才发现自己不仅忘记了报道的内容，还缺乏利率可分为名义利率和实际利率这一基本知识。

　　抱着讲给别人听的意识读书，把读过的东西讲给别人听，就能确认自己是否真正掌握了那些知识。

　　换言之，阅读时抱着讲给别人听的意识，能够帮助我们加深记忆。

　　观看电影亦是同理。在博客上发表电影观后感的人都是以输出为前提观看的，所以无论是从电影院回家的途中，还是在电脑前写博客时，都能相当精准地回忆起整个电影故事以及令人印象深刻的情节。

　　带着输出意识，就会更加认真观看，自然比漫无目的的观看方式更能深入了解电影。读书亦是如此，所以我们要一边想象着把读书内容告诉别人一边读书。换言之，以输出为前提的阅读方式更能帮助我们加深理解。

第 4 章

063~086

激发潜能的思维习惯

思维习惯

063

超乐观主义

重视自我评价，积极思考

⊙ **自己评价自己**

很多人都很在意别人的眼光。然而，过度在意别人的眼光会造成大脑失衡，甚至会逐渐怀疑自己，变得悲观。

大脑调节对思维刺激非常重要。如果压力过大，大脑就无法正常运转。为了让大脑更加灵活，我们需要经常调整自己的心理状态。

如果过度在意他人评价，自我评价就会大幅度降低，随之产生消极情绪，甚至认为自己毫无用处。因此要树立正确的自我评价。自己清醒地认识与评价自己，即使别人说三道四，也不轻易怀疑自己。就和维持身体健康要保持肠内环境一样，让大脑维持正常的运转，保持心态的稳定非常重要。

⊙ 养成"超乐观主义"的思维习惯

并非所有聪明人都天生性格开朗，但他们中的多数人都会积极地思考问题。即使性格悲观，在工作上也会认真规划，抱着自己可以做到的意识积极挑战。因此，重要的不是性格乐观或悲观，而是能否积极地思考问题。

性格悲观的人也要养成抱着能做到的意识去做事的习惯。虽然悲观地制订计划，但也要乐观地执行。在悲观地制订计划之前，要下定"做时就要乐观地去做"的决心。

即使结果不符合预期也没有关系。就算因为自我评价较高被现实打倒，也可以把这当作一种很好的人生经验。比如参加难度高的考试，最终却遗憾落榜。无论如何，比起毫无自信、什么都不敢做的懦弱行为，不畏失败、勇于挑战可以帮助我们更好更快地认识这个世界。

思维习惯

064

意向

"知、情、意"，从"意"开始

⊙ 做事之前，想好出发点

做事的第一个出发点是"决定性意向"。例如，为了取得资格证书开始学习时，先定好某个目标，比如在某日之前学完这个单元，某个阶段达到什么样的水平等，学习热情就会高涨。然后再瞄准目标，开始学习。

心有"知、情、意"三种功能。其中的"意"，即"意向"非常重要。临近考试，运动部里平时不太用功的学生也能突然投入紧张的复习中。因为他们在心中设定了"马上要考试"的意向，为了取得一个满意的成绩，就必须立即开启用功的模式。所以说，为了取得好成果，作为出发点的"决定性意向"非常重要。

⊙ 将"意向"传送到大脑，更好地发挥能力

气沉丹田（身体的重心所在——肚脐下方），确定自己想要达成的目标。保持身体稳定，然后调整呼吸，让想法清晰地传入大脑。简言之，有意识地记住从脐下到胸部，再到大脑的顺序。

具体来说，就像血液在体内流动一样，感受到血液从足部到腹部，再从腹部到胸部，从胸部到头部的流动，就能感觉到身体是一个整体。大脑并不是独立存在的器官，而是意志与身体相连后开始运作、发挥作用的器官。

也许有人会在意自己是否聪明，但比起聪明本身，拥有"动脑"的意识更为重要。因为只有先决定意向，做好"动脑"的准备，才能很好地发挥自己的能力。

思维习惯

065

平 衡

保持中庸意识，更具有包容性

⊙ 伟人也推崇的中庸之道

人生总会面临各种选择。苦恼于做选择时，不妨想想中庸之道。

所谓中庸，是指不偏不倚的妥当选择，是一种保持内心平衡的有效思维方式。极端的思维方式会让人的思维变得狭隘，而中庸之道使头脑更加灵活。如果极端地认定只有一种做法，就很难灵活地听取其他意见，也就无法产生新的想法。

法国著名哲学家笛卡尔①曾说过："迷茫时最好选择中庸之道。因为中庸之道不会太偏激，即使有错也不至于偏离正轨太远。"因《尼各马可伦理学》而闻名的亚里士多德也重视中庸。孔子的"中庸之为德也，其至矣乎"意为中庸作为德的体现，这种保持平衡的思维方式是至高无上的。如上所述，中庸是很多伟人们一直推崇的思维方式。

⊙　自己的平衡点是什么

那么，到底何为中庸，如何把握好中庸的平衡点？所谓中庸，并非一定指正中央。因此，每个人中庸的平衡点都不一样。

就像做菜时的放盐量，每个人都不一样。完全不放和放太多都太极端，这两种极端的做法之间一定有一个最合适的盐量。但究竟多少克最合适，必定因人而异。这就需要我们有意识地寻找自己的中庸平衡点，再做出判断。

---

①　勒内·笛卡尔（René Descartes，1596—1650），法国哲学家、数学家、物理学家，西方现代哲学思想的奠基人之一，是近代唯物论的开拓者。他的哲学思想深深影响了之后的几代欧洲人，并为欧洲的"理性主义"哲学奠定了基础。

思维习惯

066

刺 激

实践"30 秒闲聊"

⊙ **通过即时对话练习，增长知识**

与人闲聊，不仅能够帮助我们建立和拓展人际关系，还可以让头脑变得更聪明。即使只有 30 秒，也可以聊些简单话题，比如"最近有什么好看的电视剧吗""我最近迷上了一首歌，天天单曲循环"等等。别小看这些日常闲聊，哪怕只有 30 秒，也能获得新的刺激。

也许你会对别人推荐的电视剧产生兴趣，情愿花上 20 多个小时追剧，只为收获不一样的感受。"30 秒闲聊"不仅能加强人际关系，还能找到新刺激和新发现，获得新智慧。

⊙　了解自己不知道的事

聊天时尽量选择能让自己获得新刺激的话题。像谈论天气之类的，即使讲上 100 年，也不会学到新知识。因为我们很难从老生常谈的话题中获得新的刺激。

为了获得新的刺激，尽量多听一些自己不知道的事。比如最近读过的书、最新的电影等等。针对这些话题，与几个聊得来的朋友闲聊片刻，会使平淡的日常多上几分刺激与收获。可以见面聊，也可以通过社交软件或邮件聊，总之，随时随地实现"30 秒闲聊"，让思维保持活跃。

我有一位学生，毕业后每半年都会向我推荐一本书，待我读完告诉他感想后，他就会再推荐一本给我。有时不妨试着读一读别人推荐的书，这通常会让你有新的收获。

思维习惯

067

探索心

重视每一次感叹的时刻

⊙ 探索之心始于惊奇

即使是面对身边的普通事物，也不妨有意甚至夸张地表达出内心的惊奇，通过表达触动心灵。比如，当你觉得土豆好吃时，略带激动地和朋友说："这个土豆好好吃，太棒了！"随后调查得知该土豆产自北海道一带严寒地区，进而推测这种土豆不仅耐寒，而且营养价值颇高，一定从古至今都备受人们喜爱。然后，对其历史进行调查，又会发现意外之喜——大航海时代的欧洲人并不将马铃薯作为食物，而是作为宫廷之花种植在宫殿里。

像这样，由一个简单的惊奇引发进一步的学习。古希腊哲学家苏格拉底曾说过，人类的探索精神始于求知欲和好奇心。让我们重视日常中的每次因惊奇而发出感叹的时刻，探索新的未知领域。

⊙　倾听专业人士的赞叹

我们一直被教育着要处事不惊，保持冷静。爱因斯坦甚至连推导出著名方程式"$E=mc^2$"时都能够表现得毫无波澜。但其实这种反应并不好。

不要小看惊奇的力量，它与聪明密切相关。那些知识丰富、通晓一切的人看似聪明，却也很容易被自己的固有观念束缚，缺乏探索新事物的精神。

真正聪明的人，即使在自己深耕多年的专业领域也能不断从中收获惊喜。例如，发明第一台后空翻机器人的古田贵之先生谈起机器人时也是兴奋不已，直夸机器人的厉害。将棋名人羽生善治先生也常说将棋世界深不可测，精彩至极。试着体会一下这些一流人才口中的赞叹，也能获得很多意想不到的惊喜。

思维习惯

068

契 机

无论喜好与否，广泛涉猎

⊙ 与知识邂逅的方法

接触全新领域，是获得新发现的最好方式。比如，关注自己喜欢的艺人出演的电视节目或者广播节目，通过他们了解到一个新的领域。也可以在日常对话中寻找与知识的邂逅。对新知识的探索，往往始于与他人的谈话。

有很多优秀的纪录片可以帮助我们快速了解一个全新的领域，例如《100分钟的名著》。顾名思义，该节目就是用100分钟解读古今中外的名著，涉及哲学、文化、历史等各个领域，所以无论喜好与否，观众都可以广泛获取各种信息。

多方涉猎总会有新的发现，比如之前不感兴趣的人类学其实也挺有意思的，以为与自己无关的宗教竟与自己有这样的联系等等。然后，深入阅读该领域的书籍，拓宽知识面，获得新知识。

⊙　深入实践

另外，除看电视、看书以外，要有意识地将该领域的知识渗透到日常生活中，因为深入实践也很重要。

如果你对园艺感兴趣，不妨种些植物，切实体验一把。当你体会到仅是培育草坪便很辛苦时，就会感叹园艺人员的技术高超。这便是通过实践加深对知识理解的方法。所谓"实践见真知"，就是不要把任何知识都仅停留在书本上。

无论年长年幼，实践带来的体验都是极为鲜活且有价值的。所以，一旦兴趣所至，便有意识地行动起来吧，深入实践，获取真知。

思维习惯
069
评 价

数学思维 1: 用"坐标轴思维法"整理

⊙ **任何人都能做到的数学思维方式**

数学思维也是聪明人特有的思维能力之一。

但这里的数学能力并不是说计算得多快多准。数学思维指的是将思维方式数学化,是一种客观的、理性的思考方式。即使是不擅长计算的文科生也能轻松掌握,所以尽管勇敢挑战。

⊙　设置 X 轴和 Y 轴分析

数学思维中有一种"坐标轴思维法"。所谓的坐标轴，就是用来定义一个坐标系的一组直线，通常由 X 轴和 Y 轴这两个轴决定坐标。

坐标轴思维法是指画出坐标轴一样的 X 轴 Y 轴，将对象分为 4 类去思考问题的思维方法。

例如，评价一个人的工作能力时画出两个坐标轴，分别是"工作能力强不强"和"人品好不好"。这样就可以划分为 4 类：①工作能力强，人品好；②工作能力强，但人品差；③工作能力差，但人品好；④工作能力差，人品差。

在公司内部分配工作时，按照这个坐标轴，就可以发现有些员工虽然工作能力强，但人品不好；而有些员工虽然工作能力差，但人品好。如果不用坐标轴思维法就无法明确到底应该将工作交给谁。

用坐标轴思维法仔细分析后，就能将合适的工作交给适合的人。比如将紧急工作交给能力强的人，将重视团队合作的工作交给人品好的人。这便是用数学思维法整理事物的方法，这个方法可以应用于工作和生活中的各种场景。

思维习惯

070

排 列

数学思维 2: 用"因式分解 思维法"总结

⊙ **总结归纳，梳理成有条理的故事**

除坐标轴思维法外，还有其他数学思维法。例如初中学过的"因式分解思维法"，它能够帮助我们理清思维，产生更多新的想法。

"因式分解"是指把一个多项式在一个范围内化为几个整式的积的形式。同样，做事时用因式分解思维法把同类事情归纳起来，会更容易整理清楚自己的思维。

据说电影导演北野武先生制作电影时，会先梳理故事的发展脉络，再考虑何时让人物登场。可以说，数学思维可以运用在电影制作这种与计算完全无关的领域。

　　由此可见，数学思维法非常有效。但数学思维法不是指计算的准确性和速度，而是指"按顺序思考""将事物整理得井井有条"之类的思维方式。这些数学思维法可以灵活运用于日常的方方面面。

　　除坐标轴和因式分解以外，还可以用维恩图和树状图进行总结，或者把事项全部写出来计算概率，这些都是可以应用于生活中的数学思维法。

思维习惯

071

推陈出新

要打破模式，必须先塑造模式

⊙ 作为自身基准的"坐标轴"

现代社会比较喜欢有个性的思维方式。一些模式化的想法往往不受欢迎，似乎"模式化"一词带有一种负面意思，给人一种顽固守旧的印象。

然而，"模型"原本是指产生个体形态的基础。"模式"是指传统或习惯中的形式、方法、技巧、规范、本质等。顾名思义，模式化带有单一平庸的含义，而打破模式是指打破常规。然而，要想打破常规，首先需要确定某种模式。

做任何事，我们都要有意识地先塑造基本模式。只有掌握了基本的思维模式，才能产生个性化的想法和独特的创意。

通过塑造基本模式，心中便有了作为基准的"坐标轴"。具备这一点，就能客观地感知到自己的想法与既定标准之间的细微偏差，就像明确个性与任性之间的界限，才不会肆意妄为地给他人造成麻烦。

⊙ 模式是创意的源泉

另外，因为有了某种限制，反而更能提高自由意识，发挥意料之外的想象力。反复练习以掌握某种模式的过程中难免会有失败，为了避免失败而积极思考的过程中又会产生创意，从而形成个性。

在体育界，一流选手也非常重视固定的常规训练。正是因为有固定模式，他们才能通过反复练习提高技能。我们也要有意识地按照某种模式生活和工作。

个性和模式看似对立，但其实只有形成某种模式，才能彰显出每个人的个性。

思维习惯

072

投 入

通过"心流体验",塑造新的自我

⊙ **有意识地进入某种境界**

"心流体验"是美国心理学家奇克森特米哈伊[①]提出的概念。心流是一种专注做事的状态，会让人忘记时间的流逝，产生成就感和幸福感，如同玄幻小说中所说的"仿佛进入某种境界"一样。

想必很多人都想体验一下"心流"是什么感觉。在此，我向大家介绍一个感受心流的秘诀。

那便是让意识像流水一样流动。例如，画家作画时手如

[①] 奇克森特米哈伊·米哈伊（Mihaly Csikszentmihalyi，1934—2021），美国心理学家。创立了心流的正向心理学概念。

流水，轻盈随意。厨师做菜时游刃有余，熟练操作。只要时刻带着这种流动意识，身体自然会灵活自如，精神也更容易集中。

⊙ 愉快地长时间工作

另外，带着这种流动意识工作，身体才不容易感到疲劳。好的身体状态可以保证头脑清醒、灵活运转。反之，倘若身体处于疲劳状态，人的意识便会更多地关注身体，故而难以集中精力工作。流动意识可以帮助我们高效做事。

因此，我们平日要尽量带着这种流动意识工作。久而久之便会自然而然地拥有更多的心流体验，即使长时间工作也不会感到疲劳，甚至能够毫不费力地轻松完成。最重要的是，心流体验能够让人时刻保持愉快的心情，极大地提升了我们日常的幸福感。

心流体验不仅可以提高专注力，还能让人完全投入并乐在其中，这便是心流体验的好处。

思维习惯
073
隔 断

重复播放一首歌，营造氛围

☉ 用音乐集中精神，保持专注

　　为了把握心流体验的流动感，需要有意识地把握节奏。音乐可以很好地培养节奏感，所以我建议大家一边听音乐，一边集中精力做事。比如，为获得某种证书而学习或者远程办公时，很多人都会选择在图书馆或咖啡馆工作，并且戴上耳机听音乐，将自己和周围的人隔绝开来，营造属于自己的空间，从而让自己更加专注地投入学习和工作中。

　　我特别推荐大家重复播放一首歌曲。因为听不同的歌曲容易被歌曲吸引，反而容易分心。因此，工作之前先选定一首歌，然后重复播放即可。一首三分钟的曲子听上10次便是 30 分钟。只要集中精力，30 分钟转瞬即逝。而且，听音乐也可以帮助我们更好地体验"心流"。

⊙　用音乐激活细胞，转换心情

人生在世，总会遇到一些不愿做却不得不做的事。这时，我建议大家重复听自己喜欢的一首歌。比如我不太喜欢做校对工作，每次做校对工作时，都会重复播放史蒂夫·史蒂文斯（Steve Stevens）的《Flamenco.A.Go.Go》。听着自己喜欢的歌曲，心情就会愉悦，便能用积极的心态去应对自己不太喜欢的工作。

因此，当我们不得不做一些自己不太喜欢的事情时，可以选择听听音乐，激活大脑细胞，让自己以轻松的心情投入思考。

思维习惯

074

调 整

轻跳运动，释放压力

⊙ **简单易行的运动法**

大脑的高效工作离不开身心的调节。要想大脑灵活运转，就需要我们时刻保持心情舒畅，不要有太大压力。

当然，生活中难免会遇到各式各样的麻烦事。适当的运动，可以帮助我们减轻烦恼。我建议大家可以尝试一下"轻跳"这个动作。商场和网店里都有那种可以在家玩的小号蹦床，不妨买来一试。

但并非说必须买个蹦床，只要能做到像跳绳那样的简单动作即可。就算只是像孩子那样蹦蹦跳跳，也可以在一定程度上放松心情。

　　轻跳运动可以让我们暂时远离烦恼，偶尔跳跳，哪怕只有五六次，也可以舒缓心情。此外，跳跃时常常需要换气，进入大脑的氧气量变多，思维就会更加活跃，作为一种简单易行的有氧运动，轻跳非常适用于我们的日常生活。

⊙　现代人与抑郁症为邻

　　现代人的生活节奏越来越快，罹患抑郁症的人群也越来越庞大。

　　受新型冠状病毒的影响，越来越多的人开始了独居的生活，而这更容易引起自闭或抑郁情绪。很多人终日沉浸在消极的世界中，那种看不到未来、对人生不再抱有期待的感觉，旁人是很难感同身受的。

　　此外，由于新型冠状病毒蔓延所导致的失业、财务危机等问题，使得近年来抑郁症患者人数有增无减。因此，当我们认识到自己身处一个容易抑郁的环境中时，更要有意识地选择适合自己的方式来放松和调整心情，摆脱企图控制我们的那些精神病症。

思维习惯

075

活 力

时常热身，放松大脑

⊙ 促进全身血液循环

如果住宿环境不方便跳跃，也可以做一些简单的伸展运动，放松心情。比如转动手臂，活动手指等一些常见的热身运动。

此外，还可以尝试用平衡球或瑜伽垫等做做瑜伽，纵然只是伸伸懒腰也能促进全身血液循环，放松大脑。当我们紧张时或动脑时，手指容易变凉。身体发冷便不利于大脑运转，所以我们要有意识地寻找合适的环境，时常做些伸展运动。尤其要注意活动一下肩胛骨和股关节等重要的身体部位，以便能有效地促进全身的血液循环。

铃木一朗在击球前经常会做一个相扑式的动作，即双手过膝，双肩放松。这个动作可以使肩胛骨和股关节同时用力，在短时间内有效热身。如果我们在工作上遇到困难，感到有压力时，不妨试试这个动作。

⊙　活动身体能产生舒适的感觉

我偶尔会在演讲时让听众站起来稍微活动一下身体。活动身体后的他们通常比之前听得更加认真，甚至有更多人给予我反馈、与我进行现场的互动。他们表情也会放松下来，面带微笑地听我讲话。

一般情况下，演讲会、伏案工作等多需要较长时间动脑。因此，做这些工作时最好有意识地给自己留出一些活动身体的时间。

思维习惯
076
假 想

自我陶醉，提高热情

⊙ 带着使命感挑战

做事时让自己产生一种"我就是最好的"的感觉，从而提升自信心也是一个很好的习惯。动画片《新造人间卡辛》中有一句台词是"卡辛不做，谁去做"。生活中亦是同理，我们不妨抱着"只有自己能做"的想法积极做事。

就像《鬼灭之刃》中的炭治郎一样，带着使命感做事。即使失败了也无妨，强烈的使命感会让我们热情高涨，最大限度地激发我们的潜能。像医生、消防员那样时刻抱着工作事关他人性命的意识是很伟大的。虽然普通人很少有机会担负这种救死扶伤的使命，但也不妨碍我们适当提升自己的使命感，给自己的人生加油打气。

⊙　用假想的力量改变自己

　　找到我们身上的某种特质，无论优点和缺点，把它想象成"这可能是世界上的唯一"，就会获得前进的动力。比如，你喜欢绘画，即使自己的画无人欣赏，只要认定这是自己独有的一种风格，就不会轻易放弃这个梦想；再比如，你喜欢唱歌，即使天生五音不全，但一想到每个人的歌声都是独一无二的，就不会因自卑而丧失对这件事的热爱。做一个与众不同的人听上去很难，但是只要我们换一种思考角度，就会发现每个人的身上都存在着很多的"世上唯一"。

　　学习能力由思维、判断、表现三大支柱构成。其中的表现部分，会深深受到前述的"只有自己能做""这可能是世上唯一"等想法的影响。

　　即使是微小之事也无妨，偶尔试着自我陶醉，想象着"这可能是世界上独一无二的"，热情就会高涨，心情就会愉悦。

思维习惯

077

机 会

"爱迪生式思维法"，避免失败

⊙ **养成不把失败当作失败的习惯**

想必任何人都不想经历失败。因为失败可能意味着辛苦努力付诸东流、失去了重要的机会、辜负了他人的期待等。失败会让我们徒增很多烦恼。

虽然我们通常会在事前做好充分准备，再三确认才采取对策，但失败总是在所难免。就算付出没有得到应有的回报，也不要轻易被击倒。因为一次或几次失败而萎靡不振，才是真正的一无所获。

出现失误或遭遇坎坷之时，不妨试试"爱迪生式思维法"。

这是发明大王爱迪生在发明白炽灯之前，用灯丝做实验时使用的思维方法。他认为这世上没有失败。在尝试一种灯丝发现效果并不理想时，他不会说"我又失败了"，而是把它当作一个新的发现，"啊，原来这种灯丝不行"。这样思考，我们的人生就不会有失败。

⊙　失败提供学习机会

想必很多人都听过爱迪生这种不把失败当作失败的思维方式，但却很少有人能在日常生活中将之实践。我们可以反思一下自己是否在日常生活中运用到了这种思维方式。

我在写书时也常经历失败。但是，我发现，只要把每次失败都当作一种进步，反而会因此学习到更多新的知识。

倘若因为害怕失败而不敢再去挑战，就有可能失去宝贵的学习机会。因此，失败并不可怕，重要的是我们以何种心态去面对。

思维习惯
078

情 感

巧妙利用脑内物质，加快大脑运作

⊙ **与人类活动有关的脑内物质**

脑内物质是人类大脑中的分泌物，与情感、记忆力等多种机能相关。例如，与孩子或宠物小狗玩耍时，大脑会分泌一种叫催产素的脑内物质，这种物质会让人产生幸福感。

实际上，大脑时时刻刻都在分泌脑内物质，我们的工作和学习都会受到其影响。也就是说，如果我们能有效激活脑内物质并将其应用于工作和学习中，便可以加快大脑运作，提高工作效率。

虽然大脑分泌的脑内物质并非肉眼可见，更不受我们意识的操控。但我们仍然可以通过一种方法，让脑内物质在我们的身体中发挥积极的作用，这种方法便是——感受脑内物质的分泌。

例如，抚摸小狗时有意识地感觉催产素的分泌（想象脑中正在分泌一种幸福因子）。这样一来，即使不知道是否真的分泌出催产素，也会自然而然地感到幸福。此外，我们也可以利用心情沮丧时大脑分泌的脑内物质让自己变得更有干劲。当我们遭遇挫折时，大脑会分泌一种叫作去甲肾上腺素的脑内物质，它能够重新激起人的斗志，让我们的大脑处于兴奋的状态。在情绪低落时，大喊一声，有意识去感受这种脑内物质（想象脑中正在分泌一种活力因子），让自己振作起来。

思维习惯

079

积 累

提升词汇量，拓宽视野

⊙ 增加词汇量，更好地表达

聪明人看待事物的视野更开阔。为了拓宽视野，我建议大家增加自己的词汇量。词汇量越多，越能看到更微观的世界。

文豪的词汇量极其丰富，即便是日常琐事，他们都能描绘得绘声绘色，极具渲染力。普通人积累词汇量的高峰期大多在学生时代，很多人走出校门以后就不再有意识地去学习新词了。这就是为什么我们经常会感觉有些话到了嘴边却不会说、明明知道是什么意思却不会表达。因此，为了避免出现以上的尴尬状况，我建议大家偶尔挑选几部文字晦涩的作

品，进行深入且细致的阅读。这些作品也并非必须是文学作
品，只要词汇量丰富即可，最重要的是能够通过该作品增加
词汇量，拓宽视野。

⊙　学后即用

学习一个新单词后马上使用可以让我们更快地掌握它。
通过实际使用，你能够更深刻地体会到它的含义，并且产生
新的认识，甚至连对世界的看法都会发生改变。也就是说，
每增加一个词语，我们的视野和格局也在不断扩大。

此外，词的普及也有利于观念和意识的传播，例如职权
骚扰和性骚扰等社会问题就是因为"harassment"（骚扰）
这个词的普及而受到广泛关注的。

思维习惯

080

挑 战

提高修养，明确自我定位

⊙ 认清自己的位置

有修养的人能够清楚地认识到现在的自己知道什么，不知道什么，生活在怎样的世界里，拥有怎样的思维方式。

多年之前，"宇宙只有一个"是人尽皆知的常识，但最新研究表明宇宙其实有很多个。村山齐在他的书中便介绍了这一点，他认为宇宙的数量是不断变化的，甚至无法估计。然而，即使我们无法想象出宇宙的全貌，但至少知道"这个宇宙之外还有别的宇宙"这一事实，这就意味着我们不仅离未知的领域更近了一步，而且也更加清楚我们自己在宇宙中的位置。

　　尤瓦尔·诺亚·赫拉利的《人类简史》中，记述了人类
从石器时代到现在的历史。阅读此书便能畅游历史长河，了
解人类的发展进程，知道人类从古至今经历了怎样的变迁才
一路走到现在。

　　贾雷德·戴蒙德①的《枪炮、病菌与钢铁》亦是如此，
其写作功底之深能令读者身临其境般地站在宽广的视野上，
认清自己的位置。阅读这些视野开阔的人写的书，思维方式
自然就会发生变化。

⊙　**挑战非专业领域**

　　提高修养的捷径是挑战专业以外的领域。例如，平时只
读日本文学的人可以读一下世界文学，总读传统作品的人可以
读一下新时代的作品。文科生可以读一些简单易懂的理科书。

　　如此一来，就能逐渐学习到新知识，开拓新视野，知道
当今世界正在发生的事情，了解一些新的常识。

---

　　① 贾雷德·戴蒙德（Jared Diamond，1937—　），美国演化
生物学家、生理学家、生物地理学家以及非虚构作家。著有《性的
进化》《枪炮、病菌与钢铁：人类社会的命运》《剧变：人类社会
与国家危机的转折点》等。

思维习惯

081

措 辞

使用敬语，让交流更加顺畅

⊙ 选择正确措辞，减少风险

敬语是现代人应该掌握的基本礼仪。为了让对方舒服，必须用好敬语，但总有人觉得使用敬语很麻烦。

然而，我有一个朋友对任何人都使用敬语。其实，敬语并没有想象的那么难，一旦学会就会觉得很轻松。的确，如果只在必要场合强迫自己使用敬语，就会产生厌烦情绪。对于不太亲密的人际关系，与其考虑对方的身份适不适合用敬语，倒不如对任何人都使用敬语，这样心情反而更轻松一些。

即使是面对公司的新职员也要使用敬语。谨言慎行不仅能有效防止职权骚扰，也能避免与他人产生纠纷。

我曾听说，有个小学总是发生班级矛盾，某个班的男生和女生经常争吵不断。针对这个问题，该班班主任立了一个规矩——让所有的学生称呼彼此时都加上尊称。据说自从执行这条规矩后，争吵的场面确实少了很多。在平时就让孩子们养成相互尊重的习惯，即使是在愤怒的状态，便也很难再骂出"××笨蛋"这样的脏话了。孩子们的修养有所提高，自然而然就不再轻易地争吵了。

⊙　正确使用措辞，发送体面邮件

用词得体还有其他好处。例如对方没有如期完成约定，而你想发邮件催促对方时，如果只是粗鲁地写道"我记着上次邮件中写了截止日期！"，可能未必会起到你所想要的效果。即便没有如期完成确实是对方的错，但看到这样的邮件，对方的第一反应常常是生气，而不是感到抱歉。

更好的解决办法是选择例如"可能是我们这边传达有误""给您添麻烦了"之类的礼貌措辞。如果我们用词得体，对方就会意识到自己的失误，诚恳地道歉："对不起，是我们忘记了。"

思维习惯

082

礼仪

谨慎使用社交软件

⊙ 避免冲突的魔法语言

现代社会，社交网络服务已经普及并且渗透到人们的日常，比如 Twitter（推特）、Instagram（照片墙）、Facebook（脸书）等等，甚至已经成为人们日常交流的必备软件。然而，需要注意的是，这些社交平台除了给人们的生活带来了便利之外，也带来了压力。因此我建议大家谨慎使用社交软件。

比如，尽量少与爱惹事的人交流。为避免发生冲突，马上回复后便保持距离。不必成为掏心掏肺的朋友，但也有基本的礼貌。

无奈之下的最后一个方法，就是在文末加上"请保重身体"之类的客套话。从某种意义上说，这是一个结束语，维持礼貌的同时透露着疏离。如此一来，两人之间的交流便会自然而然地减少。

换言之，使用这句话就等于表明了想要保持距离的态度。因此除非是为了避免冲突，其他场合还需慎重使用。

⊙ 擅用回避的技巧

当然，如果你经常使用社交软件，而且感到游刃有余，没有任何的社交压力，便无须时刻小心谨慎。

我这里介绍的回避技巧是针对那些使用社交软件有压力，一旦和别人发生冲突就会沮丧一天的人。熟练使用回避技巧，是轻松驾驭社交软件的秘诀。

此外，还要重视一些重要的规则。比如注意保护个人隐私，不轻易透漏自己的地址和邮箱，减少交友人数和关注人数以防止社交疲劳等。

思维习惯
083

留 意

阅读报纸，锻炼思维

⊙ 阅读报纸，获得知识和感悟

读报是一种非常重要的学习方式。上学时我总是阅读纸质报纸，并且将自己感兴趣的内容剪下来收藏。最近一段时间，我开始阅读电子版的报纸和书籍。

相信有很多人正在和我一样使用电子设备读报看书，或者在雅虎网站上查看网络新闻。虽然这种方式十分便捷，但也不妨碍我们读纸质报纸，闲暇之时，即使随手翻翻，感受纸张向指尖传递的温度，也会让人感到无比充实。

我每年都会让刚入学的大学新生做"两周剪报"。具体做法是：准备一个专用笔记本，两周的时间每天都阅读报纸，把重要的内容剪下来贴在笔记本的左侧，并在右侧写上相关评论，或者将这些内容整理成一目了然的图表。所有学生都很积极地参与此事，两周后，每个人都能绘声绘色地讲述剪报上的内容，宛如在讲述自己的故事一般。

长此以往，学生越来越擅于观察周围的事物，整理和总结信息的能力也有所提高。也许你会质疑，仅仅看两周时间报纸怎会有如此成效。但事实证明，100% 的学生都能够通过这个方法有效促进思考。

⊙　阅读报纸，培养正确的价值观

报纸（官方发布的纸报或电子报）不仅能够让我们更好地了解世界、了解历史，还能引导我们对事件做出正确而客观的评价。

当然，也有人说报纸的内容偶尔也会有失偏颇或者欠缺真实性，但请设想一下如果没有报纸会怎样。我们在报纸上获取的新闻基本都是由政府部门发布的，如果缺少政府的引导，很难想象社会舆论会出现怎样混乱的场面。而且，社交媒体和互联网普及的时代，媒体平台多如牛毛，但媒体的采访能力毕竟有限，稍有疏漏便会对大众产生误导。因此，我们一定要有意识地去阅读报纸，了解事实真相，时刻保持清醒，培养正确的价值观。

思维习惯

084

恒 心

夜晚读书，了解伟人

⊙ **重点不在多少，贵在每天坚持**

聪明人都很珍惜晚上的时间。我特别推荐大家养成夜深人静时读书的习惯。深夜 12 点尚未入睡的人并不少，此时，不妨抽出 30 分钟的时间，停止社交、关掉手机，拿起书本。也可以利用泡澡，或者睡前躺在床上的时候，抛去一切杂念，一心想着某位伟人的故事，然后通过读书去了解他。

这时，无须给自己施加压力，只要有所感悟，就不必从头到尾全部阅读，甚至可以选择性地跳过一些内容，重点是坚持每天阅读。即使一天只读几页，日积月累也能读完很多本书。

之所以选择夜晚读书，是因为人们白天大多忙于上学或工作，而晚上时间相对比较充裕。夜晚能够让我们拥有一个完全属于自己的独立空间，不被外界所干扰，只有在这种环境中，我们才能集中精力做事。

⊙ 身临其境地阅读

我在阅读歌德和尼采的著作时用过这个方法。歌德是人类史上最聪明的人之一。我上学时曾读过爱克曼①的名著《歌德谈话录》。当时我曾设想如果能直接听到歌德讲话，即便花费 100 万日元也值得。大家也不妨用此方法，想象自己正身处书本的世界之中或者站在作者身边与其面对面交谈。

直接向作者请教几乎不可能，但是我们可以在阅读时模拟与作者对话，揣摩作者当时是以什么心情在进行创作……每天抱着这样的意识读书，想着今天接触了 A 伟人，跟 B 伟人谈了话，聆听了 C 伟人的名言，就会切身感受到自己每天都在成长。

---

① 约翰·彼得·爱克曼（Johann Peter Eckermann, 1792—1854），德国诗人和作家，名著《歌德谈话录》作者。

思维习惯
085

信 心

肯定自己，保持良好的精神状态

⊙ 很多人不擅长肯定自己

为了保持良好的精神状态，自我肯定非常重要。我们可以针对日常中自己能做的事或者已经做到的事，有意识地时刻自我肯定。如果过度关注自己无能为力的事情，就会逐渐失去自信，误以为自己什么都不会。

我遇到过一个生活中极度缺乏自信的人，深入了解后才得知他学过钢琴，甚至会弹奏肖邦乐曲。这是一种很棒的才能，换作是我，一定会因此自豪，向他人炫耀。在没有这种才能的人看来，这是一件多么令人羡慕的事情。令人遗憾的是，总有一些人看不到自己的特长和优势，无法肯定自己。

⊙　把自己能做的事告诉别人或自我肯定

现在社会中人们大都羞于自我称赞，似乎"自夸"这个词的贬义色彩越来越重。人们都在要求或被要求着注意为人谦虚，不能自吹自擂。但在我看来，过度的谦虚只会让人不断失去自信，因此不如大胆向人夸耀自己。

我曾有个学生的板书写得非常漂亮，与他交谈后得知他练过书法，而且专门研究过如何写出一目了然、让人赏心悦目的板书。他因板书之事被称为"板书铃木"，大受欢迎。

然而，倘若他闭口不谈，周围的人可能也不会注意到。通过交谈和自我阐述，别人才知道他学过书法，甚至还专门研究过板书，了解到他在这方面的才能。这个才能也不必有多高超，只要是自己会的事情即可。将其告诉他人，得到他人的认可，提高自信。

即使不告诉他人，也要懂得自我肯定，这一点很重要。简言之，我们要学会自夸自赞。聪明人都很清楚自己拥有什么样的才能。这些才能就像他们上战场时手握的武器，只要清楚了自己手握武器的性能，便能巧妙地进行战斗。

思维习惯

086

清 醒

快速阅读，活跃大脑

⊙ 有意识地锻炼大脑

只用大脑思考无法让血液流向大脑前额叶，也无法促进整个脑部的血液循环。东北大学川岛隆太教授的研究表明，朗读能够激活大脑，这项研究结果还引发了日本国内一场锻炼大脑的热潮。

研究指出，大脑前额叶的前额皮质与人的情绪管理机制息息相关，激活前额叶的前额皮质可以帮助人们更好地控制与稳定情绪，提高人的身体机能。想要让思维变得活跃就要有意识地锻炼我们前额皮质，而出声朗读就可以很好地刺激与激活它。

出声朗读看似简单，但实际上它是在同时进行输入和输出，这是一种非常高难度的认知行为。阅读文章是输入，发出声音是输出，再通过耳朵识别自己的声音，这一系列动作循环其实相当复杂，但也相当有益于我们的大脑。

⊙　快速阅读能让头脑清醒

倘若想进一步发挥这种出声朗读的作用，我推荐大家使用"快速朗读法"。比如，用 1 分钟时间流畅地朗读一篇短文，头脑会变得非常清醒。

文章内容不限，但最好选择一些节奏感比较好的文章，比如太宰治的《奔跑吧，梅勒斯》。

《奔跑吧，梅勒斯》的主人公梅勒斯一路奔波，整个故事非常有气势，朗读时也能顺势而为。夏目漱石的《少爷》也是干净利落的江户风格，适合快速阅读。我曾经出声朗读过整本书，效果非常好。即使不能做到像我一样通读，哪怕只读第一段也好，请大家一定要试着出声朗读一番。

第 5 章

087~100

学习天才们的思维习惯

思维习惯

087

实 践

福泽谕吉：设定时间，巩固习惯

⊙ **在固定的时间内实现一个目标**

日本著名教育家福泽谕吉曾在大阪（当时叫大坂）的适塾^①学习了两年多荷兰语。当时，私塾的学生们同吃同住、互相学习、切磋才艺。据说福泽上适塾时除了睡觉和吃饭外，其余时间几乎都在读书。

像福泽这样在一段时间内专注于一件事，非常值得我们

---

① 适塾是兰学学者绪方洪庵于 1838 年开设的私塾，最初为医学教育而开设。在这里，学生们接受了以从荷兰传播来的最新知识和技术为主的各种各样的知识文化，后来便逐渐发展成为兰学私塾。

学习。因此，我建议大家先确定一个目标，然后在固定时间内将其付诸实践。

　　例如我在大学教书时，设置了以"表扬"为主题的任务，让学生们在一周内对周围人的表现进行称赞。

　　结果学生们都觉得这个任务很有趣。有名学生说自己难得表扬了妹妹，还因此收到了妹妹的回礼。还有一名并不擅长画画的男同学在画画时受到了周围朋友的称赞，甚至有人说想把他的画裱起来当作收藏，这让他备受鼓舞。

⊙　即使短期也没关系，实践非常重要

　　我在课堂上布置的实践任务为期一周，但即使时间再短一些也没关系。毕竟三天打鱼两天晒网也比什么都不做好。就算只有三天，也要时刻有意识地实践，这一点非常重要。

　　为此，要尽量设定清晰明确的主题，并且将其写在平时容易看到的地方，比如手账或手机备忘录等。养成习惯后可以把时间延长至一周，但是要记得，每个周末再留出时间去回顾。

思维习惯

088

专注

歌德：集中精力做好一件事

⊙ **将才能集中发挥在一件事上**

歌德除了擅长画画和弹钢琴外，还精通希腊语、拉丁语、希伯来语和法语等多个语种。他写文章时却执着于用德语，并形成了自己独特的行文风格，被尊称为"近代德语之父"。因此，我们应该将才能集中发挥在一件事上，适当舍弃其他的事情，向着同一点发力，也就是所谓的"排他法"。

就像水滴终会穿石一样，将所有才能集中发挥在一件事上，终会有突破。我有个朋友参加过很多次司法考试仍然没有考过。他向我咨询时，我建议他尝试这种排他法，让他断绝一切来往，终日专注于司法考试。那时的司法考试比现在的难度大。他不畏失败，按照此方法实践后果然通过了考试。我很佩服他的意志力。

⊙　集中精力做自己擅长的事情

如果你很清楚自己所长，我也推荐你尝试这种排他的方法。我曾经有个学生会说五个国家的语言，当我知道这件事时感到非常吃惊，和他交谈后得知他很擅长听声音模仿，于是就在社交软件上交了很多外国朋友，并时常与他们聊天，渐渐便可以进行日常对话了。

他知道自己擅长模仿声音，因此他利用这一点，找各种机会向他人学习语言，将自己的特长发挥到了极致。确定某一目标（如学外语）后，先找到自己的优势，在这一方面集中精力，就容易做出成绩。当然，并非每一次选择都真正适合自己，因此在确定要专注的方向后，先尝试两周，有所进展便可继续坚持。

思维习惯

089

独立思考

夏目漱石：调整思维，重新思考

⊙ 寻找自己的价值

　　夏目漱石曾在松山中学任教，也在熊本第五高等学校做过英语教师，之后又作为文部省的国际交换生前往伦敦留学。他晚年在一次名为《我的个人主义》的演讲中透露了自己在伦敦留学期间曾患上过神经衰弱症。

　　他回想自己当时的情况——虽然知道必须采取一些行动，但是却毫无头绪，全然不知要做什么，感觉一片茫然。尽管在日本被视为天才，但在伦敦他只是一个普普通通的留学生，甚至还遭受到一些对文学一窍不通的人的嘲笑。

　　然而，他并没有就此迷失在这样的痛苦中。他一直坚持独立思考，最终找到了自己的价值。在此之前，他会因为他人的偏见感到不快，或者被负面情绪支配，但自从认清了自己的价值，知道自己应该看重和轻视的是什么后便坚强了很多。因此，我们要经常思考自己的价值和追求，不必在意他人的眼光，做好自己应该做的事。

⊙　找到属于自己的路

夏目漱石还说，必须找到属于自己的路，而且必须经历一番摸索后由衷地发出"啊，这才是我应该走的路！我终于找到了"的感叹，就像豚鼠坚持不懈地用爪子挖掘出自己的隧道一样。

有时我们会因为遭受失败而沮丧。但是如果遇到挫折时，能客观冷静地分析现状，确定自己的价值后重新思考，就能调整思维，改变现状。

思维习惯

090

规矩化

爱因斯坦：设置奖励，调整心态

⊙ **为自己准备阶段性的奖励**

你可知道，因相对论而为人所知的爱因斯坦其实爱好音乐，经常拉小提琴？虽说拉得不是很好，但对他来说，享受音乐的时间尤为幸福，因为这使他在精神上得到了满足。

无论学习还是工作，保持心态上的平衡都非常重要。为此，要有意识地为自己创造些奖励，方式不限，只要能获得幸福感即可。如果你喜欢漫画，就可以在学习间隙看看漫画，获得治愈，调整心情。我曾经实践过这种方法，学习 20 分钟然后看 10 分钟漫画，学习效果竟然出乎意料地好。即使不想做一件事，但只要想到做完会有奖励，就会产生干劲。

当然，为了避免沉溺于奖励，我们要事先定个规矩，比如看完三集漫画就回去学习等。

⊙　会休息也是一种才能

任何能够让我们内心感到幸福的事物都可以作为奖励。我喜欢吃巧克力，一吃巧克力就会精神饱满，所以我在自己的工作学习间隙设置了小奖励，比如做到这里可以吃一块巧克力，做到那里就能再吃一块。据说手冢治虫①也是一边吃巧克力和蛋糕之类的甜食一边工作。由此可见，为了做好工作，适当地取悦自己也很重要。

持之以恒也是一种才能，但遗憾的是很少有人能一口气坚持到底。即使是自己擅长的事情，如果一直做也很容易产生厌烦情绪。

工作间隙获得奖励有助于保持心态平衡，能够让人在一段时间内持续工作，而且也有利于提高效率，得到一个满意的结果。

---

①　手冢治虫（1928—1989），日本漫画家，医学博士。代表作品：《新宝岛》《铁臂阿童木》。

思维习惯

091

请 教

本田宗一郎：虚心请教，拓展视野

⊙ 询问专业人士的想法

本田（本田技研工业）的创始人本田宗一郎并没什么学历，但他凭借聪明的才智和在实际工作中积累的经验取得了成功。他在著作《梦想力》中写道，如果有不明白的地方，不要查阅书本，而是要向相关领域的专家请教。

任何事都不要从外行的角度盲目尝试，询问专业人士后再采取行动非常重要。我们做任何事时都要有一种虚心请教的姿态，表现出对被询问之人的尊重。

虽然有时专家也会出错，但是在做事前多听听那些经验知识丰富、人品优秀的专家的想法，定会有所收获。

⊙　尊重各个领域的专家

现在，电视节目经常邀请各个领域的专家为观众答疑解惑，出版社也经常邀请这些专家出版书籍。也就是说，现代社会中我们很容易听到各领域专家的意见。

我尊重各个领域能力出众的人，当我在网络上看到许多爱好奇特的人时，我会在好奇的同时给予尊重。不要轻易否定别人在某一方面的成就，因为很可能目光狭隘的是我们自己。

我的几个学生曾一起去上了一节声优体验课，结束之后，他们由衷发出感叹，"原来声优这么厉害""专业人士果然不一样"。因此，亲身感受过专业人士的过人之处，便会更加尊重各个领域的专业人士。这种尊重之意越多，社会包容度越高，我们的世界就会更加多元化。

思维习惯

092

交互

吉田松阴：互相传授，获取新知

⊙ 把监狱变成私塾的吉田松阴

吉田松阴[①]曾因坚强的意志力和强烈的求知欲给幕末志士们带来了巨大的影响。多年以前，他乘坐黑船偷渡时被捕，和同船的人一起被押送到了国元长州（山口县）的野山狱。这个监狱允许犯人自由交谈和读书，松阴便给其他犯人讲世间之事和世间现状，告诉他们学习的必要性，渐渐地把监狱变成了私塾。

这个"私塾"的经营方式很是独特，狱中人都作为老师

---

① 吉田松阴（1830—1859），日本江户时代末期政治家、思想家、教育家。明治维新的精神领袖及理论奠基者。

将自己知道的事情、擅长的事情讲给其他狱友听。知识最为渊博的松阴就在此期间为大家讲授了《论语》。如此一来，狱中所有人都获得了新知识，人与人之间也加深了了解。这个"监狱私塾"正是后来"松下村塾"的原型。

互相传授是一种非常高效的学习方法，双方通过这种方式都能学到东西。不要一味认为只能由老师或前辈等地位更高的人来教，任何人都可以成为别人的老师。工作中，老员工和新员工相互学习，彼此都会获得提高。虽然在业务方面老员工更有经验，但新员工可能会站在其他角度提出更多新的想法。此外，互相请教也能够建立良好的人际关系，更有利于团队工作的开展。

思维习惯

093

抄写

南方熊楠：熟练抄写，加深记忆

⊙ 抄写万能法

博物学者兼民俗学者南方熊楠一生潜心科研，在英国科学杂志《自然》和民间传承杂志《Notes and Queries》等发表了大量论文。熊楠先生很聪明，非常擅于思考，经常与其他学者交谈，以加深对各领域知识的了解。

他的学习方法很特别，只要是自己感兴趣的东西，他都会抄下来。据说他小时候曾从朋友家里借来江户时代的百科全书《和汉三才图会》进行抄写，最终抄完了所有的105卷。在伦敦时，他还以惊人的速度抄写了大英博物馆的藏书，其数量在500本以上。据说，熊楠的这套"伦敦摘录"一共密密麻麻地抄写了 52 个笔记本。

⊙　现代社会，抄写依然很重要

　　我们现在随时随地就能买一本书来看，简直太方便了。
或许你以为想要获取知识只需买书读即可。确实，读书可以
获取知识，但是想要加深对知识的理解，学习熊楠先生的抄
写法可能更有效。注意，这种抄写并不是简单的誊抄，而是
要带着把内容全部消化透彻的意识，选择性地抄写。

　　此外，虽说是抄写，但也不是必须手写。习惯用电脑的
人也可以打字，但是绝对不要复制粘贴。即使内容再少，也
要自己亲手打出来，手脑并用才能帮助我们加深记忆。

　　当然，如果你觉得手写更有助于你思考，那么就坚持用
手抄写，有些人认为手写相比电脑打字更有平心静气的效果。
总之，无论哪种方式，选择最适合自己的即可。

思维习惯
094
记录

德鲁克：目标管理，避免拖延

⊙ **一生不断学习的德鲁克**

被称为"现代管理学之父"的彼得·德鲁克的厉害之处在于他强烈的学习欲望和高度的计划性。他说他的字典里没有"退休"二字。即使到了晚年，他仍在大学讲课，参与出版工作，而且有计划地学习。

他有一套自己的行动计划。每当他确立一个目标后，就会给自己设定一个截止期限，然后全面实施自我管理。

⊙　使用手账和便签进行目标管理

我经常把自己制定的目标记录在手账上。

每次看手账时，我都会回顾自己一整天的生活。手账能够帮助我们有计划地过好每一天。

手账还可以用来记录做过的事情。假如今天在手账记录"读了 30 分钟书"，那么明天就会因为想继续这样写而去做同样的事。这与"录音减肥"类似，都是通过记录提高干劲。

此外，也可以将目标写到便签上，贴在我们经常能看到的地方。最好在便签上写明期限，两周左右即可，以防因拖延而迟迟不能完成任务。这种方法可以避免大脑混乱，减轻思考的压力，也非常便于日常的目标管理。

例如，总被别人说邮件里常有错字漏字的人，可以写个这样的便签："出声朗读，确认无错字漏字后再发送。截止日期：几月几号。"这样一来，错误就会逐渐减少。

思维习惯

095

质与量

斯蒂芬·金：先定量，再问质

⊙ **制定规则**

以《绿里奇迹》《头号书迷》等作品闻名的恐怖小说作家斯蒂芬·金[①]在《小说作法》一书中写道："养成在自己心中制定规则并且遵守的习惯非常重要。"据说他给自己制定了这样一条规则——每天无论多忙都要坚持写作。他会固定在每天上午把自己关在书房里，直到写满2000字才可以出来。

当然，斯蒂芬·金的本职工作就是写作，其他人想提高

[①] 斯蒂芬·埃德温·金（Stephen Edwin King, 1947— ），美国作家，曾担任电影导演、制片人以及演员。代表作品有《闪灵》《肖申克的救赎》等。

写作水平其实无须给自己制定如此严苛的规则。但无论如何，事先决定好量，让自己处于容易集中的状态，对于做任何事来说都是非常有效果的。

⊙　先保证量

做事无法集中是因为在没有目标的情况下就付诸行动。毫无目标地贸然开始，专注力就会大打折扣。先在心里设定一个目标，知道需要专注到何时，就会更有把握。

定量时不要问质，这一点很重要。有些人常常会因担心质量而干脆不做。所以我建议大家先保证量，比如在学习时，强迫自己在书桌前坐上 30 分钟。写文章亦是同理，无论写得好坏，先达到一个量，文章写多了，写作水平自然就会有一个质的提升。

我小学时受到漫画《巨人之星》的影响，非常喜欢"敲 1000 下"这句话。于是那段时间我做任何事时都使用这个方法。比如，背英语单词时就决定用 5 天的时间，每天背 200 个，直到背完 1000 个。虽然很快就会忘记大部分单词，可即便如此，也比我之前背下来的单词数量多得多。因此，先确定量很重要。

思维习惯

096

切换

村上春树：锻炼身体，调整大脑

⊙ 体力对大脑运转很重要

村上春树至今仍在不断发表新的作品，为了保持创作长篇小说所需的精力和体力，他养成了跑步的习惯。不仅每天要跑 10 公里，还参加了铁人三项的挑战。也许有人不理解为何写小说还要锻炼身体。其实长期的写作是一份同时消耗脑力与体力的工作，并且思考这件事本身便是由肉体来支撑的。

有持久力的人才能够坚持思考，有爆发力的人才能够快速处理事情。因此，坚持锻炼、让身体时刻处于一个充满活力的状态是非常有利于我们学习和工作的。

⊙　抽出时间调整身体状态

其实，想要保持体力，也不必像村上先生那样每天跑上 10 公里，只要在日常生活中能够有意识地去调整身体状态即可。例如，饭后坚持散步、每周固定去几次健身房等。

此外，蒸桑拿和泡温泉也是不错的选择。特别是近期关于桑拿的书籍和漫画作品越来越多，桑拿随之越来越受欢迎。蒸桑拿并不能让我们的体力变得更好，但可以帮助我们舒缓身心、恢复体力。泡温泉也是一样，能够让我们暂时屏蔽与忘却一切，重启自己。

我在工作中遇到困难时就经常通过蒸桑拿或泡温泉来调整大脑状态，以便让工作能够顺利地进行下去。

思维习惯

097

读经典

涩泽荣一: 制定做事准则, 规范行为

⊙ 以《论语》为精神支柱的涩泽

人们常说:"经典是人类智慧的宝库,提高个人修养,就要多读经典。"但是每个人一生所能阅读的经典数量是有限的。与其在书海中逐一阅读,不如先找到适合自己的经典。

"日本近代实业之父"涩泽荣一从小便将《论语》作为自己的精神支柱。《论语》教给人们很多值得实践的真理,涩泽的经营哲学理念就是基于此形成的。明治时代初期,市场环境非常混乱,涩泽决心改变日本经济界。他反对垄断,在海运业坚持与三菱财阀岩崎弥太郎保持对立,一生都在为公众事业效力。在《论语与算盘》这本书中就有他"以《论

语》为精神支柱"的相关言论。

涩泽荣一在日本历史上受到了很高的评价，他的一生为公共利益做出了巨大的贡献。2019 年，日本政府宣布将于 2024 年启用新版纸币，其中 1 万日元正面人物就采用涩泽荣一的头像。

⊙ 选择适合自己的书

如上所述，像涩泽一样将《论语》作为自己的精神支柱，形成一套属于自己的做事准则，对于我们的个人成长来说非常重要。因此，我们一定要根据自己的需求选择一本合适的经典。比如，浮躁的人可以多读读《老子》，以便处事更加沉稳；自主创业的人可以阅读马基雅维利的《君主论》，培养领导力。

作为精神支柱的经典类别没有限制，可以是小说，也可以是伟人的名言集，简而言之，只要对你有帮助就可以成为你的经典。比如，当你打开一本书，感觉书中内容就是在说自己，或者非常适合现在的自己时，便可以把它作为自己要阅读的经典书籍。

思维习惯

098

心情

大隈重信：表现好状态，维持好心态

⊙ 保持良好的精神状态

大隈重信^①在《青年训话》一书中写道："精神状态是
人的生命。"因《武士道》而闻名的新渡户稻造也在随笔中
写道："我们应该有意识地 cheerful。""Cheerful"是开朗、
心情好的意思。我们不会时时刻刻都感到开心，但重要的是
要经常表现出心情愉快的样子。

有一位老师，他每天都面带微笑地站在讲台上用温和
的语气讲课，面对犯错的学生也始终很有耐心。最后一堂

---

① 大隈重信（1838—1922），日本明治维新时期著名政治家，
财政改革家。

课上，他对学生们说道："我也是人，也会有情绪的波动。
但是我觉得作为一名专业的教师应该控制好自己的情绪。
所以我总是保持着同样的状态，时刻注意着自己的言行。"
这番话让我很受触动。不同行业里的专业人士通常能够控制
好自己的情绪，即使心情不好或者状态不好，也不会因此而
影响到他人。

⊙ 表现得精力充沛，让自己充满活力

时刻保持良好的精神状态这一点并不限于专业人士。我
们每个人都可以通过控制自己的表现，改变自己的状态。

比如，因工作原因必须与某人会面，即使状态不太好，
也要表现出精力充沛的样子，给予自己积极的心理暗示。如
此一来，精神便会逐渐恢复，直到再次充满活力。

就像在英语中我们被问到"How are you"时都会回
答"Fine，thank you"一样，无论是在生活还是工作中，
有意识地表现出精力充沛的样子对于人际交往来说是非常
重要的。

思维习惯

099

非常识

施里曼：不妨打破常识，勇敢尝试

⊙ 非常识也会变成常识

　　著名的特洛伊遗址在被发现之前，特洛伊城一直被认为是虚幻的。然而，德国实业家施里曼一直对特洛伊城的存在深信不疑，即使被人嘲笑，他也没有放弃希望，从 49 岁开始探索，三年后终于实现了愿望。可以说，这种目标坚定并且勇于挑战的精神是促使他成功的关键。

　　1972 年的札幌奥运会，日本选手包揽了跳台滑雪项目的全部奖牌。那段时间，我对这项运动非常痴迷，经常和朋友一起模仿跳台滑雪的动作。话虽如此，在常年无雪的静冈市，我们所能做的也只是从楼梯的台阶上跳下来而已。记得那时双腿并拢跳还很流行，但不知何时起，V 字跳开始被更多人接受。

像 V 字跳这样，刚开始令人感到意外的东西会逐渐成为常识。也许现在的很多常识在过去并不是常识。

因此，一般人认为不合常理的事情，只要勇于尝试并且坚持去做，就会获得惊人的成果，非常识的事也会逐渐变得易于接受。这是一种常识认知上的变化。

⊙　敢于打破常识认知很重要

我经常在课堂上向学生们强调敢于打破常识认知的重要性。有一次，我让他们每人从家带来一本新书，两人一组交换图书后阅读 5 分钟。5 分钟后，向已经读过这本书的人阐述自己刚刚读完的内容。也许你会觉得 5 分钟的时间太短，但结果显示，他们都完成得不错。

在实际行动之前，学生们都认为 5 分钟的阅读时间根本不足以完成阐述。然而，最终他们还是做到了。这个试验，让学生们认清了一个道理。那就是——即使看似非常识的事情，只要敢于尝试，也有实现的可能。因此，大胆打破以往的常识，也许会有意想不到的新发现。

佐伯祐三：敢于正视否定，制造突破的契机

⊙ 把否定转化为能量

大正至昭和年间，驰骋画界的画家佐伯祐三曾在东京美术学校（现在的东京艺术大学美术学部）学习西洋画，之后又在 26 岁时前往巴黎留学。那时，以"野兽派"闻名的弗拉曼克发现了他的画作，将他的画呈现给世人。

起初，弗拉曼克否定了佐伯的画，评价他的画过于学院派，只是一板一眼地学会了学校教的画法，而不具有任何个人特色。这一番评价让佐伯恍然大悟，他开始重新审视自己的作品，思考个人的风格。

自此，佐伯决定打破自己以往的风格，开始画巴黎的墙壁，比如一些破损的海报和招牌，这些都是日本少有的风景。为此，他投入了所有的精力，直到 30 岁去世前还在一直不停地画着巴黎的墙壁，他所创造的每一幅作品都极其漂亮，他称得上是画界难得的绘画天才。

⊙　敢于正视他人的否定

像佐伯这样被善意否定的经历是很宝贵的。尤其是被自己尊敬、爱自己的人否定，当他们对我们说"这样不行""你必须改正这一点"时，就是我们需要重新审视自己的时刻。

现代社会能够当面指出他人缺点的人越来越少，但如果你主动问对方自己有哪些不足，对方应该也会回答。即使对方含糊其词地说你没有什么缺点，也要再次礼貌性地问一下："那如果硬要说点什么需要改进的地方呢？"对方就不得不表达出真实的想法："其实表情再开朗一点就更好了。"

此外，我建议大家多向自己信赖或者敬重的人发问。因为，被他人否定总会令人感到沮丧，而这些人的话至少不会让你太受伤。